最高のセカンドライフは海外転職で

国内営業一筋から五十九歳で
インドネシアに留学、そして

宮永保文
MIYANAGA YASUFUMI

幻冬舎MC

最高のセカンドライフは海外転職で

―国内営業一筋から五十九歳でインドネシアに留学、そして―

プロローグ

二〇一一年五月二十一日土曜日、成田九時十分発の全日空NH九三七便は順調に飛行し午後三時、スカルノ・ハッタ空港第二ターミナルに到着した。木材を多用した空港ターミナルの内装と入国審査に向かう通路の窓から見える中庭の熱帯樹に、私はインドネシアに来たことを実感し、軽い興奮を覚える。私はこの時、人生で初めてインドネシアに足を踏み入れた。

タクシーは空港のゲートを出るとすぐに高速道路に入った。人口一千万人近い大都市だけあって、車窓には超高層のコンドミニアムやオフィスビルが次から次へと映し出される。高速道路を降りると、片側五車線の大通りに入る。大通りの両側には熱帯樹が植えられ、新しい高層ビルが建ち並び、整然とした美しい景観が続く。渋滞している大通りで強引な割り込みを繰り返しながら、裏通りに入り、予約していた中級ホテルに到着した。このホテルは世界チェーンのホテルではあるが、廊下やエレベータの内装はけばけばしく、チープな場末感が漂う。

少し歩くと、全身にうっすらと汗がにじみ出てくる。柔らかい夕日に照らされた安宿街、ワヒッ・ハシム通りは中低層の薄汚いホテルや雑貨店、食堂などが建ち並び、路上には飲み干したペットボトルやプラスチックのゴミが散らかり、空中には黒い電線が束になって走っている。そこには、香辛料とバイクの排気ガスの混ざった臭いが漂い、どこからか低音がブーストされた、重いリズムのロックが聞こえてくる。

やや広い通りに出ると、渋滞している車と車の間は、バイクで埋めつくされ、あちこちでバイクの空吹かしをする音やクラクションの音が鳴り響く。信号が青になると、赤い小型オート三輪タクシー「パジャイ」は二サイクルエンジンの軽く乾いた音と、混合油が燃えた異臭をまき散らして目の前を走り去る。歩道の幅は五十センチほどしかなく、ところどころに穴が開いて下の側溝が見える。さらに歩いていくと歩道の上にバイクやテーブル、椅子、移動式屋台が乱雑に置かれていて、人間は車道を歩かざるを得ない。

ここはまさに日本で想い描いていたジャカルタそのものである。日経ビジネスに「ジャカルタは活気があり、今、インドネシアが熱い」と書かれていたが、確かに、暑く、人や車が多く、街は雑然としていて騒々しい。もちろんこの環境が「体質に合わない」ことはない。それどころか、この混沌とした環境で生活したいという気持ちに火が付いた。

そして、このあと、思いもよらない展開が私を待ち受けていた。

◇

本作は、新卒で入社以来、国内営業一筋であった私が五十八歳で早期退職し、インドネシアの企業に転職してセカンドライフを送った実体験を綴ったものである。

目次

第五章　インドネシアの旅を楽しむ

第六章　海外転職を成功させるために

第一章　夢はいつか海外で

魅惑のマジックバス

一九八〇年代前半だったと思うが、『暴走！1万3千キロ　インド発ロンドン行き直行バス』（日本テレビ）というドキュメンタリー番組で作家の中上健次が、インドのニューデリーとロンドン間、一万三千キロを「マジックバス」と呼ばれている路線バスで旅をする様子が放映されていた。

二十人ほどの客を乗せた古いドイツ製のマジックバスは、インドのニューデリーを出発したあと、パキスタンに入り、休憩のためにある町に立ち寄った。バスの乗客は食料を求めて、三々五々、夕暮れの雑踏の中に消えていく。露店には、色鮮やかな野菜や果物、肉、雑貨が雑然と並び、イスラムの白装束の男性やスカーフを被った女性でごった返している。バスは再び二名のトルコ人の運転手が交替しながら走り続け、未明にシルクロードの要衝であった古都、ペシャワールに到着した。

夜が明けると、レンガ造りの古い建物が建ち並ぶペシャワールを出発し、アフガニスタンとの国境近くの荒涼とした砂漠地帯を南下した。当時、ソビエト軍がアフガニスタンに侵攻して、アフガニスタンは戦争状態であったためマジックバスはアフガニスタンを通過できず、パキスタンを南下するルートをとっていた。

マジックバスは、途中、羊を追うジプシーの一行に出くわし、それを避けようとして、道路から飛び出してしまい、パキスタン軍に助けてもらうまで土手の斜面で身動きが取れなくなるというハプニングに見舞われながら南進した。そのあと、イランに入り、砂漠地帯を昼夜走り続け、駱駝の隊商に出会ったり、アラビアンナイトに出てくるような美しいオアシスに立ち寄ったりしながら、ロンドンを目指した。

トルコのイスタンブールに着くと、バスごとフェリーに乗り、ボスポラス海峡を渡り、ヨーロッパに入る。その後、ブルガリア、ユーゴスラビアの美しい田園地帯を走り抜け、やがてオーストリア、そしてドイツのアウトバーンに入り、その両側に広がる整然とした美しい街並みを見ながら快走を続ける。マジックバスは途中で乗客を降ろしながら、ドーバー海峡を渡り、終点のロンドンに到着した。

同じ地球の上にこれだけ多様な世界と文化が存在し、しかも、それらが一本の道でつながっている。番組の最後に中上健次が「まさにタイムマシンに乗っているような気分であった」と言っていたが、私も同じ地球の上にこれだけ異なった世界が同時に存在していることにすっかり感動して、いつかいろいろな国に行きたいと思った。

東南アジアの誘惑

一九九〇年八月末から九月初旬にかけて、三十八歳にして人生で初めて海外に行くこととなった。行き先はシンガポールで、販売キャンペーンで上位に入賞した特約店研修旅行の引率のためである。

私はこれまで飛行機は国内線しか乗ったことがなかったので、チャンギ空港の巨大さと豪華さは衝撃的であった。行く前はシンガポールを東南アジアの雑然とした開発途上国くらいにしか思っていなかったが、実際には、高層ビルが林立し、美しく手入れされた広々とした公園があちこちにあり、整然としたゴミの落ちていない街並みをロンドンの赤い二階建てバスが走っている。シンガポールは、当時、すでに一人当たりＧＤＰも一万ドルの壁を超え、日本の半分以上になっており、自分の常識のなさにあきれた。

一九九二年三月、三十九歳の時、初めての海外への家族旅行として、ガイド付きパッケージ・ツアーの「マレーシアのペナン島とシンガポール六日間の旅」を選んだ。ペナン島で泊ったのは、ペナンの中心、ジョージ・タウンから十キロほど西にある国営の大型リゾートホテル、ムティアラ・ビーチ・リゾートであった。しかし、ホテルの敷地から一歩出ると、そこにはのんびりしたマレーシアの田舎の素朴な風景がある。少し歩くと静かなテロッ・バハンの漁村に入る。その先に広がる白い砂浜には小さな漁船が並んでいて、心地良い風が海の匂いを運んでくる。ミネラル・ウォーターを買うために雑貨店に入ると、湿った粉石鹸の香りが店内に漂い、幼いころ、母と行った雑貨屋を思い出す。

夜には近くの広場でナイト・マーケットが開かれていた。キラキラした大音量のローカル・ミュージックが流れ、安いTシャツやワンピース、ジーンズ、ビーチ・サンダル、カセットテープが蛍光灯の下に並べられている。初めて見る光景であるのになぜか懐かしい。


その後、私はある一冊の本に出合った。バック・パッカーのバイブルと言われている沢木耕太郎の『深夜特急』である。作者はインドのデリー発ロンドン行きの路線バスに乗ろうとしてデリーまで行く予定であったが、運賃の安い香港とバンコクのストップオーバー便に搭乗したため、予想外の展開となった。

香港では当時の香港、マカオの持つ猥雑な魔力にはまり、滞在がどんどん延びてしまった。次に向かったバンコクでも東南アジアの不思議な魅力に憑りつかれ、そこからインドシナ半島のベトナム、マレー半島からシンガポールまで旅をすることになった。

『深夜特急』には一九七〇年代前半の貧しく、怪しく、そして混沌とした東南アジアが描かれており、読者を未知の暗い幻想的な世界に引きずり込む。私のアジアへのあこがれは一層強くなり、将来いつか東南アジアに旅をしたい、できれば住んでみたいと思うようになった。

遠い海外

一九九二年一月、新商品のコンセプトを決めるため、コンピューター・ミュージックの先進国であるアメリカに出張することになった。

ロス・アンジェルスにあるＵＳＡ現地法人の統括本部に同期入社の三人が勤務しており、全米楽器ショーを見学後、そのうちの一人の自宅で同期会インＵＳＡを行うことになった。同期入社でありながら、国内ではできない経験をし、英語を使って仕事をしている彼らと、英語もほとんど聴きとれず国内で何年も同じような仕事を繰り返し、進歩のない自分とはずいぶん差がついてしまったような気がした。

学生時代、音楽が好きなこともあったが、将来は海外を股にかける仕事をしたいと思って、就職先に商社を通さず海外展開している楽器・音響メーカーを選んだ。しかし、正式配属は国内営業となり、何度か海外勤務の希望を出したが、希望は叶えられなかった。

アメリカから帰国後、早速、ＮＨＫのラジオ講座やＴＶ英会話を視聴し、社内の英語講座にも参加した。同時に自己申告書で海外勤務希望を再び申告したが、すでに四十歳を超えていたせいか、声はかからなかった。

四十代半ば、上の子供が高校生、下の子供が中学生になると海外への転勤が面倒になり、海外勤務の申告をしなくなった。ところが五十歳手前になると会社人生の着地範囲が見えてしまう。そのうえ、五十五歳になれば役職定年となる。どうせなら、若いころからの夢であった海外勤務を実現したいと思い、年齢を考えると難しいと思いながらも再び自己申告書には海外勤務希望と記入した。

ちょうど五十歳の時、管理職研修があり、役員との面談では五十五歳以降の希望進路について訊かれた。私は迷わず「海外の現地法人への出向を希望します」と答えたところ、「欧米は年齢的に無理であるが、中国なら可能性がある」と言われた。とりあえず中国語の勉強を始め、二年後、二〇〇五年三月、五十二歳で日常会話程度といわれる中国語検定三級に合格することができた。

このことをアピールし、今すぐにでもぜひ中国の現地法人に出向させてほしいと申し出た。しかし、結局は年齢の壁で断られ、中国勤務も断念せざるを得なかった。さらに、海外転職や海外で起業することも視野に入れ、業務経験を広げるために輸入品を取り扱っている子会社や旅行業務を行っている子会社への出向を希望したが、これも反応はなかった。

もう海外勤務はあきらめて、このままおとなしく六十歳の定年まで国内営業を全うして、退職金を満額もらうことを考えた。ところが、ある日、ジャズ・ピアニスト、ビル・エヴァンスのＣＤを聴いていて、ふとあるタイトルが気になった。ミッシェル・ルグランが作曲した『What Are You Doing The Rest Of Your Life?』である。

下の子供も大学に通うようになり、親としての義務もほぼ果たした。ここでしくじったとしても人生たかが知れている。私の両親も至って元気で、当分心配なさそうである。会社はあてにできそうもないので、自力で海外に移住することを考え始めた。

しかし、何を準備すれば良いのか、全く思いつかない。とりあえず、コミュニケーションに必要なレベルの語学は身に付けておきたいし、できれば、アピール・ポイントの一つにしたい。ところが、現在の仕事の手を抜かずに勉強できる外国語は、せいぜい一か国語である。このまま中国語を継続して勉強するか、それとも選択の幅が広がる英語を勉強するかしばらく迷っていたが、国内の外資系企業に転職することも頭の片隅にあったので、英語に集中することを決断した。

英語力をアピールするうえでTOEICが手っ取り早いので、TOEICの勉強を通して英語力をアップさせたいと思った。平日は通勤時間、土日は図書館で勉強し、二〇〇七年九月、五十五歳の時、TOEICで目標を超える八百七十点を取ることができ、なんとか第一ステップはクリアできた。欧米系の企業では難しいかもしれないが、シンガポール以外の東南アジアでは、少しは採用の武器にはなるであろう。

下見を兼ねたマレーシア旅行

当時、勤務していた会社では五歳ごとに連続五日間の連続休暇を取得できるライフサイクル休暇という制度があり、土・日を使えば九連休を取ることができた。二〇〇八年一月、五十五歳、最後のライフサイクル休暇の旅先に選んだのは、将来の海外生活の最有力候補地、マレーシアであった。将来、住む時の下見と将来の仕事のアイデアを探る目的で、クアラルンプールを中心に、第二の都市で家族とも旅行したことのあるペナン島、第三の都市、イポーも訪問することにした。

クアラルンプールでは、ブキッ・ビンタン周辺の華やかな高級ショッピングエリア、ペトロナス・ツインタワー周辺の整然とした無国籍空間の広がるオフィス街、古いビルに漢字が並び雑然として生活感溢れる中華街、ほとんどがマレー系住民の庶民的なチョウキット地区などを訪れた。

今回のマレーシア旅行について航空会社に勤務している高校時代の友人に話したとこ

ろ、その航空会社を早期退職してクアラルンプールに住んでいる日本人会の事務局長に連絡を取ってくれた。今回の旅行中、彼を訪問し、マレーシアに関する本や資料を購入し、実際の生活事情をお訊きした。彼からは「思いついたらその勢いに乗った方が良いと思う」と言われたが、確かにもたもたしていると何もせずに人生を終えるような気がした。

クアラルンプール中央駅の地下ホームから寝台急行ランカウイの個室寝台に乗車してペナンに向かった。十六年ぶりに訪れたジョージ・タウンの海岸沿いには白亜の高層コンドミニアムが建ち並び、大通りの主役はバイクから乗用車になり、街はずいぶん静かになっていた。

そのあと、イポー、クアル・カンサーを回ってクアラルンプールに戻った。イポーは美しいコロニアル風の白い建物が整然と建ち並んでいる旧市街と中華風の建物が多く活気ある新市街に分かれている。イポーから路線バスで訪れたクアル・カンサーは、ペラ川沿いの道の両側に原色の花があちこちに咲いていて、夢の世界に迷い込んだように美しかった。

マレーシアは多彩な表情を持っていながら、思っていたより静かで洗練されており、楽しいセカンドライフを送れそうである。しかし、現地で就職する方法もわからないし、起業する場合も現地の人脈も皆無である。急いで今後の作戦を考えなければならないが、何から始めたら良いか全く見当がつかない。

海外留学というアイデア

ある日、図書館で『熟年留学のススメ』というタイトルが目に留まり、借りて帰った。この本には五十歳を過ぎてからの海外留学のガイダンスや著者である林信吾の体験が書かれている。念願の海外の生活を楽しみながら、久しぶりに学生としてのんびり勉強をするのも悪くはない。英語圏に留学すれば、その国の文化に接しながら、英語漬けの海外生活を送ることになり英語力を伸ばせる。留学しながら現地で仕事を見つけることができれば、一石三鳥である。

早速、ネットで「東南アジア　留学」で検索したところ、ある留学斡旋エージェントのウェブサイトでマレーシア、インドネシア、中国などいろいろな留学先が紹介されていた。調べているうちに留学に対する期待がどんどん膨らみ、海外生活という夢にだんだん手が届くような気がしてきた。留学費用は自分の生命保険の満期解約金を充て、単身で留学するという条件で妻には了解を得た。

海外就職についてネットで調べていたところ、十一月中旬にグローバル人材塾（現ＧＪＪ株式会社）主催の「海外就職準備説明会」があることを知り、早速、参加を申し込んだ。実は、このことがその後の私の人生を大きく変えることとなった。

説明会の第一部の全体会では海外に強い人材紹介会社、ＪＡＣリクルートメント（以下、ＪＡＣ）の中国、タイ、マレーシア、インドネシア、シンガポールの代表からそれぞれの国の就職事情についての説明があった。質疑応答の時間で、私は営業系の五十歳代以上で就職が可能な国を質問したところ、中国かインドネシアという答えであった。シンガポールは五十代以上の就職はほぼ無理、マレーシアは五十代以上でも工場管理であれば求人があるが、営業系はほとんどなく、タイも当時、求人は六十歳までとのことであった。第二部では希望する国ごとに分かれ、国ごとの詳しい説明と質疑応答が行われる。私は最初、中国、途中からインドネシアのコーナーに参加した。

留学を就職につなげるのであれば、留学先は中国かインドネシアに絞られる。インドネシア語はゼロからのスタートとなり、この歳で新たな言語をマスターする自信はない。再び中国かインドネシアか悩んだが、結局、自分が住んでみたいインドネシアに決めた。知り合いの経営コンサルタントの「現地に行けば、日常会話くらいできるようになるよ」という言葉が背中を押した。

留学斡旋エージェントのホームページを閲覧していると、アジア留学の相談会が十二月に東京の目黒で行われるという案内が出ていたので、すぐに予約を入れた。インドネシアの留学先はいくつかあったが、私は、その中からジャカルタ近郊のデポック市にあるインドネシア大学の外国人向けインドネシア語コース（ＢＩＰＡ）を選択した。インドネシア大学はジャカルタに近く、留学中に仕事を探しやすいうえ、インドネシアでトップレベルの大学なのでカリキュラム、指導陣が信頼できると考えたのが主な理由である。

担当者から入学やビザの手続きの説明を受けたが、複雑で煩わしそうであった。現在、仕事をしており、インドネシアに知り合いがいないうえ、そのエージェントの事務所が大阪であるという理由から、多少費用はかかったが、「手続き一切お任せコース」を申し込んだ。

二〇一一年一月末、「退職届」に「二〇一一年六月末を以て退職する」と記入し、一月に着任したばかりの上司に提出した。選択定年制の適用は月末の年齢が五十八歳以下であることが条件で、私の場合、二〇一一年年六月末が退職のリミットであった。また、六十歳を過ぎると、多くの私より優秀な定年を迎えた人と競争になると思い、なんとか五十代のうちに仕事を決めたかった。

三十五年間勤務したこの楽器・音響メーカーを、私は今でも素晴らしかったと思っている。当然、勤務している社員は様々な個性を持っているが、この企業には最高の品質を追求し、ごまかしを排除し、信用とコンプライアンスを重視する風土があった。私にとって、そのような環境の下で三十五年もの長い間仕事をできたことは幸せであったし、この風土は私自身の生き方にも大きな影響を与えているように思う。

第二章　シルバー留学

凄まじい鉄道

明日、二〇一一年五月二十三日の十時にインドネシア大学ＢＩＰＡ（外国人向けインドネシア語コース）の事務所とアポイントを取っている。まだ土地勘がなく、どのくらい時間がかかるか全く見当がつかなかったので、下見を兼ねてインドネシア大学まで行くことにした。

ジャカルタ近郊通勤鉄道のゴンダンディア駅に片側三扉の通勤型の電車が入線した。乗車すると、発車ベルも放送もなく、突然、扉が開いたまま走り出した。スピードが上がり、左右に揺れるにもかかわらず、両側の大きな扉は開いたままである。風が入ってきて涼しいが、大きく揺れたり急ブレーキをかけたりすれば、列車から転落するのではないかと怖くなり、人をかき分け奥に入ると、暗く汗臭い。しばらくするとおばさんが揚げスナックを売りにきた。次に若い女の子がカラオケの機械を担いで大音量で歌い、乗客にお金を乞うている。混雑して息苦しい車内に次から次へと食べ物やおもちゃなどの物売りや物乞いがやってきて、私は次第に気が滅入ってきた。

電車は車内放送も駅名表示もないので、今どこを走っているのかわからない。周りの人に英語で話しかけてもだれも答えてくれない。これは参ったと思っていると、英語で話しかけてきた若い女性がいた。インドネシア大学の学生だそうだ。彼女はインドネシア大学駅の一つ先にあるポンドック・チナという駅で降りるので、インドネシア大学駅に着いたら教えてくれるという。たまたま英語のわかる親切な人がいたので助かったが、当初考えていたジャカルタに住んで、毎日デポックまで通学するというのは無理だと思った。降りた電車を振り返ると電車の屋根の上に子供たちが乗っている。

大学にはゲートがなく、歩いているといつの間にか構内に入っている。留学エージェントより送られてきた地図を横にしたり縦にしたりしながら、十分ほど歩いてＢＩＰＡの事務所を確認した。

帰りは同じように、インドネシア大学駅の窓口で終点のジャカルタ・コタ駅までのチケットを買って、ホームで列車を待った。来た電車に乗ろうとしたところ、行き先表示が「菊名」となっている。東横線で使っていた中古の車両のようであるが、走り出すとドアが自動的に閉まり、冷房も効いている。窓の紫外線除けフィルムの色が濃いため車内は暗いものの、物乞いや物売りも来ない。往きの列車よりずいぶん快適で、急行なのかいくつか駅を通過している。

あとでわかったが、電車にはエコノミー、ＡＣ（エアコン付）、エクスプレス（急行）の三種類があり、往きに乗ったのがエコノミーで、帰りの電車がエクスプレスであった。ＡＣとエクスプレスは日本の中古車両が使われており、エアコンが装備され、ドアも自動的に閉まるが、料金は高く設定されている。

留学準備完了

インドネシア大学のＢＩＰＡはＢＩＰＡⅠ（初級）、ＢＩＰＡⅡ（中級）、ＢＩＰＡⅢ（上級）の三つのコースがあり、初級は日常会話、中級はインドネシアの歴史や文化、上級はさらにインドネシアの政治や経済を中心に学ぶ。当時、一セメスターは一日三時間の授業で八月から十二月と一月から五月、インターセメスターが一日四時間の授業で五月から七月となっており、最短一年で上級まで修了することができる。

二〇一一年五月二十三日、ＢＩＰＡの事務所を訪問した。日本から送った私の入学書類はすでに届いており、受け入れ準備はできていた。ただ、授業は英語で行われると思っていたが、全てインドネシア語というのを聞いて少し心配になった。

次に住まいの相談をした。コスという一部屋タイプの下宿に住んでいるＢＩＰＡの学生もいるが、日本人や韓国人は、たいていＢＩＰＡの校舎から一キロあまり離れたところにあるワンルーム・アパートメントに住んでいるとのことである。私は実際に見に行って、気に入れば契約しようと思った。

住宅地の道路をしばらく歩いて交通量の多い片側三車線の大通りに出ると、向かい側に七階建ての大きなアパートが見えた。そのアパートを目指して、大通りを渡ろうと思ったが、車がひっきりなしに来て流れが途切れない。周辺には信号がなく歩道橋もない。横断歩道の前で五分ほど待ったが、車は停車しないどころか減速すらしない。これでは永遠にこの道路を渡ることができないかもしれないと思っていると、インドネシア人のグループが手を上下に振りながら車道に飛び込み、一車線ずつ車を止めながら渡り始めたので、便乗して彼らと一緒に大通りを渡り切った。

アパートの入り口の右手にマーケティング・オフィスと書かれている小さな看板があった。中に入り、事務所にいた女性に英語で「部屋を借りたいと思うので詳しいことを教えてほしい」と切り出したが、彼女は私を無視して携帯電話でゲームをしている。英語でしつこく問い続けていると、奥からもう一人女性が出てきて、英語で部屋と料金のプランを説明してくれ、実際に部屋を案内してくれた。

部屋にはＴＶやベッド、小さな机と椅子、小型の冷蔵庫、シャワーは設置されているので、このまま生活できる。さらに建物内にはカードキーで入るようになっていて、セキュリティはしっかりしていそうである。毎日、あの危険な大通りを渡らなければならないのには抵抗があったが、家賃三か月分を支払い、七月三十日に入居することで契約した。また、インターネット回線とTVも入居してすぐ使えるようにその場で申し込んだ。

帰りは、窓口でAC（エアコン付の電車）の切符を指定して買い、最初に来たエコノミーをやり過ごし、次に来たACにジャカルタ・コタ駅まで乗車した。その日はコタからバス専用軌道を走るトランス・ジャカルタ一号線に乗車し、終点のブロックMに向かった。ブロックMのバス・ターミナルは、いかにも東南アジアを感じさせる怪しげな地下のモールにつながっている。

地上に出て少し歩くと、あちこちに日本語の看板があり、薄汚れた居酒屋、スナック、カラオケ店、風俗店や日本の食材を置いているスーパーマーケットなどが雑然と建ち並んでいる。まさに少しくたびれた哀愁が漂う昭和の歓楽街である。ブロックMではジャカルタに駐在している多くの日本人サラリーマンたちが様々な想いにふけりながら、一杯やっているのであろう。

初めてのインドネシア訪問は、留学先を決定してからとなってしまった。今回の訪問で、多少、生活環境の違いに驚くことはあったが、私にとっては想定内で、インドネシアでの生活は問題なさそうである。これから住むデポック市は当初、ジャカルタ郊外の小都市くらいに思っていたが、人口約二百万人の大都会で、徒歩圏内に大きなショッピング・モールや大病院、多くの食堂やレストランもあり、安心して暮らせそうである。

インドネシアの洗礼

退職後一か月弱で年金や税金、失業保険など退職に関する手続きとインドネシアでも入出金可能な銀行口座の開設、身の回り品の送付など渡航に関する手続きを慌ただしく済ませ、予定通り、七月二十九日にインドネシアに入国した。前回泊ったジャカルタのホテルに一泊し、翌朝、これから住むことになるデポック市のアパートにタクシーで向かった。ところが、到着するや否や、インドネシアの厳しい現実を思い知らされることとなった。

今回入居することになった部屋に案内されると、前回訪問した時に見た部屋と違って、机と椅子がない。クレームをつけたところ、「前回案内した部屋は単なるサンプル」とのことである。前回見た部屋はすでに埋まっていて、「机と椅子は自分で購入してください」と言われた。すでに三か月分の家賃を払っており、入居をキャンセルしても住むところのあてがない。しかたなく、近くのショッピング・モールに行き、その中に入っているスーパーマーケットで小さな机とプラスチック製の椅子を購入した。

購入するとその日に配達してくれ、配達してくれた二人が机の組み立てまでやってくれたので、お礼を言ってチップを渡した。ところが、いざ使おうと思ったら随分ぐらついている。よく見ると脚の部分の取り付けが左右逆になっている。結局、せっかく組み立ててもらった机をいったん分解して、取扱説明書を見ながら組み立て直すことになり、最初から自分で組み立てるより、かえって時間がかかってしまった。

日本から送った書籍や衣類など身の回り品を入れた国際宅配便がなかなか届かないので、アパートのマーケティング・オフィスに私宛の荷物が届いていないか尋ねた。すると、そんなものは来ていないと言う。荷物を発送した日本の宅配便業者に問い合わせ、追跡してもらったところ国際宅配便業者のジャカルタ営業所にすでに到着していると言われた。そこに電話すると、配達したらアパートのマーケティング・オフィスの人が宛名に該当する人はこのアパートに住んでいないと言って、受け取りを拒否したと言う。至急受け取りたい旨を伝えると、国際宅配便業者は翌日に再配達するというので、私の携帯番号を伝えた。

翌日の午前中、アパートの玄関でずっと待っていたが、荷物は届かない。午後もしばらくアパートの玄関で待っていたが、いつまで経っても来ない。夕方、営業所に電話したところ道路が混んでいたので本日は配達できなかったという。「配達できないならどうして電話をしないのか。おかげで一日無駄に過ごしてしまったではないか」と文句を言った。「明日の午前中には必ず持って来るように」と強く言ったところ、ようやくその翌日の午前中に荷物を受け取ることができた。

その後、アパートのマーケティング・オフィスに行って、「荷物が届いた時、私は部屋に居り、オフィスには携帯電話の番号も届けているのにもかかわらず、どうして私に連絡もせず、配達員に私が住んでいないと言ったのか」と詰め寄ったが、無視しているのか、英語がわからないのか、それともインドネシア語が話せないのを馬鹿にしているのか、自分の携帯電話でずっとゲームをしていて話をしようとしないし、目も合わせようとしない。日本ならキレてしまうところであるが、インドネシア語でうまく怒れそうもないのであきらめた。

インドネシアのふつう

アパートの中には小さなワルン（大衆食堂）が二軒とコンビニがあり、大雨の時も外出せずに過ごすことができ、生活をするうえで申し分ないように思っていた。ところが、住み始めるといくつかの問題に気付いた。

一つ目は、アパートに自分で洗濯できる場所がなかったことである。部屋に洗濯機を置く場所がないうえ、共用の洗濯機もない。一応、アパートの中に有料クリーニングがあり、しばらくそこを利用していたが、二度、自分の洗濯物がなくなり、代わりに見たこともない他人の洗濯物が混じっていた。作業を行っているのは中学生くらいの男の子が三人で、受け渡しの時も日付、名前と部屋番号だけが書かれたメモを渡されるだけである。それ以降、下着やタオルは自分の部屋のシャワールームで手洗いし、アウターウェアは近所のクリーニング店に出すことにした。しかし、シャワーで手洗いするのは結構、時間と力が要る。

二つ目の問題は、風呂がなくシャワーも冷水しか出ないことである。インドネシアでは冷水シャワーが普通であるが、いくら熱帯とはいえ、水のシャワーはつらい。特に雨季は日中の温度が上がらず、水も冷たく、たまにはゆっくりと温かい風呂に入りたくなる。

三つ目はデポックのような外国人の少ない都市では、生活のベースが日本人になじみの薄いイスラム教であるということである。朝四時ごろに近所のムスジッド（モスク）からアザーンが大音量で鳴り響くので、目が覚めてしまい、そのまま眠ることができないこともある。さらに、ショッピング・モールに入っている大型スーパーマーケットでもアルコール飲料や豚肉は販売されていない。レストランや食堂にも酒類は置いていないし、豚肉料理を食べることのできるレストランもない。

それでもインドネシアの人々の日常生活を間近で見ることができ、私にとって感動の日々であった。大通りから一本裏道に入ると、ゴミの散らかった道路を日焼けした子供たちが裸足で走り回り、アイスクリーム売りが間の抜けた電子音を鳴らしながら自転車のペダルをゆっくり漕いでいる。人相の悪い痩せこけた男が、子供向けの風船やおもちゃを自転車の荷台に満載して通り過ぎ、鶏が土の上を忙しく走り回る。民家の軒にはカラフルな洗濯物がぶら下がり、どこからともなくダンドゥットが聞こえてくる。

夕方になると食欲をそそる炭火の香ばしい煙が大通りの歩道に立ち込める。大型ショッピング・モールの近くにはカキリマと呼ばれる小さな移動式屋台が集まってきて、そこに人々が群がっている。日曜日の朝にはイスラムの白装束をまとった男性が、大通りの車道を大股で歩いている。全てが今まで見たことのない、「エキゾチック」な光景で、私にとって、毎日が非日常であった。

三十五年ぶりの学生生活

八月四日、国別にBIPAのオリエンテーションが行われた。日本人に対しては、BIPAの教授からの説明を先輩の日本人が通訳してくれる。周りを見回すと、日本人は三十人

カンティーンと呼ばれるインドネシア大学の学食

ほどで、私より少し年配の恰幅の良い男性がいたが、あとの男性はほとんど三十歳代までである。いよいよ、三十五年ぶりの学生生活が始まるのだと思うと、不安はあるが、わくわくしてきた。

八月八日から授業が始まった。授業は月曜日から金曜日まで、一時限目が朝九時から十時三十分、二時限目は十一時から十二時三十分である。オプションとして、午後からインドネシア大学ＢＩＰＡの教授による個人レッスンが毎日二コマあり、有料で履修できる。また、ガムラン音楽やバティック作り、ダンスなどの課外活動は無料で参加できる。私はせっかくインドネシアに来たので、課外活動でガムランのコースを申し込んだ。

私が所属したクラスは、十五名でそのうち十名が韓国人であった。韓国人の女性は夫がインドネシア勤務になった人が多く、男性はキリスト教の布教やインドネシアでの起業を目指している人である。私以外の日本人は自分の娘よりずっと若い、まだ二十一歳の女性だけであった。彼女はインドネシア政府からの奨学金を受けての留学で、すでに三か月間インドネシアに住んでいる。その他には、インドネシアにあるトルコ人学校の教諭になることが決まっているというトルコ出身の男性、イランの大学で教官をしていたという女性、中学・高校をインドネシアで過ごしたという台湾出身の男性とバラエティに富んでいる。

他のクラスでは、オーストラリア、中華人民共和国、ラオス、ドイツ、メキシコ、アゼルバイジャン、北朝鮮などから来ているが、全体で見ても韓国人が七割を占める。日本人は二割弱の第二位で、男性は総合商社や都市銀行、大手メーカーの社員やインドネシア大学入学を目指している日本の高校を卒業したばかりの青年などで、女性は駐在員の奥様方が大半である。

インドネシア大学のＢＩＰＡにはいろいろな国から、様々なバックグラウンドの人が集まり、インドネシア語を勉強する目的もそれぞれ異なっている。これから授業が始まるが、おもしろくなりそうである。

インドネシア大学のホームページによると、デポック・キャンパスの面積は三・二平方キロメートル、すなわち、半径一キロメートルの円とほぼ同じ広さである。その広大な敷地にはいくつかの大きな池や熱帯樹が茂る公園、野外ステージ、大きなモスク、ユニークな図書館、そして、いたるところに花壇やベンチがある。その中に校舎がゆったりと配置され、キャンパス内の幹線道路を学生用の無料バスが十五分間隔で走っている。

キャンパス内にはカンティーンと呼ばれるフードコート風の大食堂が点在し、それ以外に韓国料理店、洒落た欧風料理のレストラン、バリ料理のスナック、郷土料理の屋台など選択肢が実に多い。また、いくつかのカフェもある。キャンパス内にはさらには文具店や製本までやってくれるコピー専門店、書店、生活用品の店、いくつものコンビニ、旅行代理店、銀行の支店まであり、日本の学生街がキャンパス内に取り込まれている感じである。

予想外のＢＩＰＡの授業

ＢＩＰＡの授業は朝九時から始まるので、八時半ごろアパートを出て、法学部のキャンパスを横切る。きれいに手入れされた花壇に咲いた色とりどりの花が、授業に向かう憂鬱な気持ちを慰めてくれる。

インドネシア大学のＢＩＰＡのカリキュラムは素晴らしい。初級コースでは、友達や家族といった人間関係、場所・方向・交通と道案内、冠婚葬祭、病気・健康、食べ物、旅行、ビジネスなど一通りインドネシアの日常生活で必要となるテーマについて、会話、リスニング、作文、リーディングの側面からほぼ同時期に学習する。同じようなシチュエーションを多方面から集中して学ぶので、語彙やフレーズを覚えやすい。

また、国ごとのチームに分かれて名産品を作り、インドネシア大学の学生や教職員との価格交渉に応じながら販売し、チームごとの粗利益額を競うパサールＢＩＰＡという催しや、伝統芸能鑑賞や汚職撲滅委員会見学といった遠足、寸劇の発表などもあり、楽しくインドネシア語を学習できる工夫がされている。

しかし、授業はかなりのハイペース、しかも全てインドネシア語で行われるので、先生の話していることが時々わからなくなる。単語帳を作ったところ、重複もあるが、最初の二週間で六百語を超えた。そのうえ、宿題や小テストが頻繁にある。これまで日本では経験したことのない詰め込み教育である。入学前、「南国でのんびり学生生活を」と思っていたのは、とんでもない誤算であった。

アパートに戻って一人になると、ついネットサーフィンをして、なかなか集中して勉強する気にならないので、課外活動のない日は、食後、大学内のカフェで少し休憩してから、夕方まで図書館で勉強していた。ある日、同じクラスの韓国人の女性から「いつも一人で勉強しているの？　それでは、語学は上達しないよ」と言われ、インドネシア大学の韓国語学科の学生を紹介してくれた。日本人で企業から派遣されている人たちはたいてい授業が終わってから、毎日ＢＩＰＡの教授による個人レッスンを受けていたが、韓国人はほとんどインドネシア大学の韓国学科の学生に勉強を見てもらっていた。

十二月になると一週間にわたってＢＩＰＡＩの修了試験が行われ、ＢＩＰＡＩの修了式の日を迎えた。ここで成績表を渡され、合格発表となる。合格しないとＢＩＰＡⅡには進級できず、二回落第すると退学になる。成績表を渡される前に課外活動で練習したガムランの発表があるが、進級できるかどうかわからないので気が気でない。

ガムランの演奏やジャワ舞踊など一通りのイベントが終わると、いよいよ合否の記された成績表が配られる。恐る恐る配られたファイルを開けてみると、リスニングは合格点に達していなかったが、他の科目は合格点を上回っていたので、平均点で合格ラインを越え、ＢＩＰＡⅠは無事修了できた。成績優秀者は上位十人まで全員の前で名前を呼ばれて表彰されていたが、私は合格できただけで十分であった。

当初はインドネシア留学も半年くらいを想定していたが、求人登録をしていたＰＴ・ＪＡＣコンサルティングインドネシア（以下ＪＡＣインドネシア）の担当者から、企業が現地採用社員に求めているのは中級レベル以上なので、少なくともＢＩＰＡⅡまでは行った方が良いと言われ、そのまま進級することにした。

二〇一二年一月からＢＩＰＡⅡの授業が始まったが、内容は一段と難しくなっていた。

リスニングの授業ではカセットテープによるリスニングに加え、ドキュメンタリービデオの視聴が加わり、ストーリーは長くなっている。しかも、スクリプトが配られない。リーディングもさらにレベルが上がってビジネスや自然科学、地域の伝統や民話がテーマになり、テキストも知らない単語で埋めつくされている。

退職後六か月経過したため、失業手当が支給されることになったが、そのためには毎月指定された第三火曜日に地元のハローワークに行かなければならない。私は日本における就職活動を兼ねて、毎月、第二土曜日にジャカルタを発ち、月曜日にかつて在籍していた会社の転職を支援する子会社に寄り、火曜日にはハローワークで就職の相談をして、水曜日に成田からインドネシアに戻った。そのうえ、今回の留学では六十日滞在可能なビザしか取得しておらず、延長の申請手続きのため、毎月二回、授業を休んで、アパートから十キロほど離れた街はずれにある入国管理局に行かなければならなかった。その結果、授業の出席率も悪くなり、特に文法はたびたび小テストを受け損ね、成績にも影響が出てきた。結局、実際には就職活動を行っているにもかかわらず、失業手当の受給は途中で断念した。

いよいよ、ＢＩＰＡⅡの修了試験が迫ってきた。自分なりに努力したつもりであったが、正直言って今回は全く合格する自信がなかった。しかし、「できないものはできない。無い袖振れぬ」と開き直って試験に臨んだ。結果は予想通りリスニングと文法が合格点に達しなかったが、平均点で合格ラインを上回りなんとか合格できた。

今回、ＢＩＰＡⅢは二か月のインターセメスター短期集中コースにあたっていた。「ＢＩＰＡⅢ修了時には、大統領と政治、経済、文化について話ができる」というだけあって、ＢＩＰＡⅡの授業よりさらにレベルは高くなっていた。

リスニングの授業はインドネシアのドラマやコメディ、さらに映画へと発展した。読解は法律や裁判などの社会問題から環境問題、インドネシアの地方に残る風習まで領域が広がり、同じ事件について数種類の新聞を読み比べて、それぞれの新聞の特徴をインドネシア語で話し合うといった授業も行われた。さらに時事、社会問題などについてパワーポイントを使ってプレゼンテーションを行いオーディエンスと議論したり、法律用語をその場で暗記させられ、それらの単語を使って模擬裁判を行ったりという授業もあった。

インドネシア大学学部の学生も数多くのテストやレポート提出で勉強漬けの生活を送っ

ている。我々の大学生時代とはずいぶん様子が違う。

今更ながら、ＢＩＰＡの授業に関する情報や長期留学に必要なビザに関する情報を事前に収集しておくべきであったと反省した。

インドネシア大学で出会った人々

インドネシア大学留学中の一年間は、私にとって、とても長い一年であった。

◇

ＢＩＰＡＩのころは時々、クラスメイトが集まり、デポック市内やジャカルタでパーティーを行った。一度、韓国人女性の家に他のクラスメイトと一緒に招かれ、本場の韓国家庭料理をご馳走になった。ご主人が駐在員だそうで、ジャカルタ市内の高級マンションに住んでいる。彼女の子供はアメリカの大学に行かせるつもりで、彼女も韓国に戻りたくないという。

ＢＩＰＡⅡになると、時間的余裕がなくなってきた。そんな中で同じクラスになった四十過ぎの韓国人男性とは、授業で一緒に共同発表をすることになって以来、時々、一緒に食事に行くようになった。彼は子供を祖父母に預け、奥さんと一緒にＢＩＰＡに来ていたが、ＢＩＰＡⅡを終了したら、東ティモールに行って牧師になり、その傍ら子供たちにサッカーを教える予定だという。韓国人はあまり母国に戻りたがらないようである。いつかは日本に戻りたいという日本人が多いのと対照的である。

◇

一時限目と二時限目の間にある三十分の休憩時間や、昼食の時間はどうしても日本人同士で集まってしまう。いつものように休憩時間に日本人同士で話している時、日本語を流暢に話す小柄なインドネシア人の男性に気が付いた。インドネシア大学の日本語学科二年生であった。彼も勉強のため、毎日のように積極的に日本人の中に入ってきて日本語で話をしているので、私も次第に彼と話をするようになった。

インドネシア大学は裕福な家庭の子弟がほとんどである中、彼はスマトラ島メダンのバイク修理屋の息子で、父親から大学進学を反対されながら一年浪人してインドネシア大学に入った。私とちょうど親子くらい年齢が離れていたので、私のことを「パパさん」と呼ぶようになった。とてもきれい好きで、頭が良く、英語も日本語もかなりのレベルで、インドネシア語も正確なうえ人懐っこい性格なのでＢＩＰＡの日本人からも人気があった。

そのうち彼と夕食を一緒にしたり、クリスチャンなので私のアパートで酒を飲んだりするようになった。彼からはインドネシア語以外にインドネシアの教育、インドネシア人の考え方などいろいろ教わり、インドネシアの生活がより楽しくなった。現在はジャカルタにある日系の会計事務所で働いている。

◇

初級の授業が始まってしばらくした時、他のクラスにいる私より年配の日本人男性が気になった。体格が良く、いつもアイロンのかかった長袖のシャツに淡い色のジャケットを着ている。確か、オリエンテーションの時見かけた男性である。十時半から十一時の休憩時間に話しかけてみたら、午前中ＢＩＰＡの授業に出て午後からジャカルタの会社に出勤しているという。そのうち、授業が終わったあと、時々、一緒に食事に行くようになった。

ちょうど私より一回り、十二歳年上で、若いころ化学系商社の木材部門に在籍し、カリマンタン（ボルネオ島）に駐在していた。定年後、日系自動車部品会社のインドネシア法人の社長をし、その後、タイに本社のある華僑財閥のインドネシア法人会社の社長をしていた。インドネシア勤務が長かったので、日常会話はある程度できるが、きっちりと文法も勉強したいと思って、自費でＢＩＰＡに入学されたとのことである。

やはり年齢だけに文法や読解などは苦労されていたが、それでも全く卑屈になることなく自分の勉強のためだという信念で堂々と授業に出ておられた。私なんかは試験に合格できなかったらどうしようかと心配していたが、彼はできなくても「また、先生に注意されちゃったよ」と言って、笑い飛ばしていた。その姿を見て、私は少なからず勇気づけられた。最近はあまり見かけない豪快な方で、話していて心地良かった。

彼は日本人以外にもインドネシア語で気軽に話しかけ、人脈を広げていく根っからの営業マンで、私は彼の才能をうらやましく思っていた。彼も私の生き方に共感し、在学中は夜もジャカルタで一緒に食事をすることも多くなった。

私がスラバヤで就職してからも、時折、仕事の状況について電話を下さり、インドネシアでの仕事を気にかけ、いろいろアドバイスをしてくれた。また、彼がスラバヤに出張してきた時は、わざわざ工場まで来て、自身の経験を活かし、5S（整理、整頓、清掃、清潔、躾）について指導をしてくれた。

二〇一四年四月、スラバヤに来てもうすぐ二年というころ、私から久しぶりに電話をした。すると、彼は体調不良が続いたので精密検査を受けたところ、血液のがんということがわかり、近日中に日本に帰って入院すると言う。その後、秘書の方から岡山の病院に入院されていること、そして連絡先の携帯電話番号についてのメールをいただいた。

夏、日本に一時帰国した時お見舞いに行こうと思っていた矢先、その年の六月の初めに秘書の方から、彼が亡くなったとのメールをいただいた。享年七十四歳。せっかく、私の工場を見てもらい、ここまで改善できたと自慢しようと思っていたのに、非常に残念で、しばらく虚無感に襲われた。

第三章　還暦前の初転職

還暦前の転職作戦

インドネシア大学に入学してすぐ、ＪＡＣインドネシアのジャカルタ事務所を訪問し、登録をした。ネットで求人情報を閲覧できるようになったが、年齢制限のあるものや職種では物流業務、品質管理、生産管理が多く、営業の案件もほとんどが自動車関連や電子部品、半導体、化学製品の法人営業経験者が条件となっていて、応募できる案件はなかなか見つからなかった。おそらく、採用側は即戦力を求めていて、商品知識が重要なファクターであると考えているからであろう。

ＪＡＣの担当者からは「求人には波があり、出てくる時はまとまってたくさん出てくるから心配しなくて良い」と言われた。しかし、留学を開始したころからインドネシアブームはやや下火になり、代わってミャンマーやベトナムに進出する日系企業が増えてきた。

就職が決まらず、留学が終わったら帰国するというのも当初からの想定の範囲内であったが、やはり、海外で働いてみたいという気持ちは強かった。自分なりにもう一度自分の就職力を見直し、整理して、今後の作戦を考えることにした。この歳で、現地採用として海外転職できる必要条件は、コミュニケーション能力と専門力ではないかと考えた。

コミュニケーション能力については、国内営業で実績があったので、日本人同士では特に問題はないと思っている。語学力については、インドネシア語は日常会話レベルであるインドネシア大学のＢＩＰＡⅠは修了した。インドネシア語の補完として英語が使えるので、ＢＩＰＡⅡを修了できれば、ぎりぎりインドネシアで現地採用として勤務できるレベルではないかと思う。インドネシアでの勤務経験はないが、これは今更どうしようもない。しかし、現地生活もすでに半年以上が経過し、ＢＩＰＡの授業やいろいろな生活体験を通してインドネシア人の考え方について、ある程度、理解できるようになった。

専門性については、商品軸で見ると楽器となるが、これはインドネシアではほとんど需要がない。職種という軸で見ると、法人営業、販売政策や商品企画などの企画業務、管理職としての部門の損益管理及び人事管理である。私は法人に対する卸営業の実績と管理職としての部門損益の管理、人事管理、企画の実行力を主体に職務経歴書を組み立て、アピールすることにした。また、いくつかの新規業務プロジェクトリーダーとしての経験から、常に失敗した時の被害を最小限に抑えることと次善の策を考えていたことを、履歴書と職務経歴書に記載してアピールしようと思った。

入社面接

ＢＩＰＡⅡを修了した時点で応募可能な案件がなかったので、ＢＩＰＡⅢの授業が始まる前の休みを利用して日本に一時帰国し、グローバル人材塾（ＧＪＪ）の田村さつきさんにインドネシアの就職について相談した。

ちょうど同じタイミングでＪＡＣインドネシアからも二社ほど該当案件があるという連

絡を受けた。ところが、その面接の日程の連絡を受ける前に、人材紹介会社、T社の担当者から、すぐに面接を受けてほしい日系の印刷会社があるとの連絡があり、T社の担当者と一緒にその会社を訪問して、現地法人の社長面接を受けることになった。ＪＡＣインドネシアの担当者が言っていた通り、求人案件は波があり、出る時はまとまって出てくる。

面接では、最初は日本語で、次にインドネシア語で履歴書や職務経歴書に書かれていることを質問され、それぞれ日本語とインドネシア語で回答した。訊かれた内容は、職務経歴書に記載した営業実績や損益目標を具体的にどのようにして達成したかということと、インドネシアを選んだ理由であった。次に英語で自己紹介と自分の強みと弱みについて述べた。ところが、英語で話しているつもりが、いつの間にか単語がインドネシア語になってしまい笑われてしまった。

面接が終わると、社長から「勤務地はスラバヤになりますが、よろしいですか」と尋ねられ、「問題ありません」と答えると、あっけなく、即、採用となり、食事に誘われた。

社長の話だと、職務経歴書に書いた「下請けに出していた作業についての合理化の指導」と履歴書に書いた「常に計画が失敗した時の次善の策を考えている」が気になって面談したとのことであった。ポジションはスラバヤ工場長、契約は一年ごとの更新で、すぐに勤務してほしいと言われた。

工場長と言っても生産だけでなく新規顧客の開拓や取引先との折衝をしなければならず、営業力が必要であること、T社の担当者が私を推薦してくれたことも採用に結び付いたようである。また、私自身も工場管理の仕事にチャレンジしてみたいと思ったので、その場で承諾した。

インドネシアで勤務を開始する前に歯の治療とインドネシアに住むための年金や健康保険、住民票、納税などの手続きを行わなければならないため、BIPAⅢを中退して日本に戻った。また、これまで大変お世話になったJACインドネシアにはすでに就職が決まったことを連絡した。

インドネシア勤務初日

朝五時十分、真っ暗なまだ誰もいないホテルの玄関で迎えの車を待っていると、暗闇の中からヘッドライトを点灯した黒のミニバンが現れた。この車には私が着任するまで工場長の代行をしていた日本人が乗っている。ホテルを出発したミニバンはすぐに高速道路に入り、うっすらと明るくなりつつある田園地帯を三十分ほど走ったあと、一般道に出た。道中、スラバヤ郊外の田舎の景色に見とれて、眠気も吹っ飛んでしまった。六時二十分にパスルアン市の工業団地の一画にある工場の玄関に到着した。現在はラマダンで、工場は普段より一時間早い朝七時始業、夕方四時終業となっている。

七時から各部門のリーダーが集まる生産会議がある。工場長代行と一緒に会議室に入ると十五人ほどのインドネシア人がすでに着席している。彼らは各部門のリーダーである。あらかじめ考えてきたインドネシア語で自己紹介をしたところ、皆、一生懸命聴いてくれた。おそらく新しい工場長はどんな人物なのか興味津々なのであろう。続いて各部門のリーダーが昨日の報告と当日の生産の問題点等を話し出したが、彼らが話している内容は半分以上聴き取れない。

このあと、工場長代行と主な取引先である日系企業に挨拶訪問したり、彼から機械の説明を受けたり、取引先の概況、引き継ぎ事項などの説明を聞いたりしたが、彼自身も前任の日本人工場長が一か月ほど前に退職したあと、私が着任するまでのリリーフであったので、この工場の設備や事情にそれほど詳しいわけではなかった。

長い初日の勤務が終わると、夜は工場長代行がセッティングしてくれた日本食レストランで同じ工業団地の日本人数名との飲み会となった。このような飲み会は頻繁にあるとのことで、早速、ゴルフの誘いがあり、二次会はカラオケに行った。日本人と日本語で会話ができ、多少安心感はあったものの、インドネシアに来てまでこのような日本人との濃い付き合いが続くかと思うと、少しうっとうしくなってきた。

六十歳からの挑戦

覚悟はしていたが、入社してすぐに覚えなければならないことが山のようにあった。まずは、印刷に関する知識と印刷機及びそれに関連するニス、裁断、製函、製本などの機械の知識である。

二番目は生産管理や品質管理についてである。新入社員のころ生産管理部に十か月ほど在籍したが、長期計画の企画業務を担当しただけで、工程管理や生産管理の実務経験はなく、品質管理は管理手法や実務に関して全く知らなかった。

その他にも貿易に関する知識やインドネシアの会社法や労働法も知らなければならないが、前工場長はすでに退職していて連絡が取れない。工場には約百六十名のインドネシア人が勤務していたが、日本人は私一人だけで通訳もいない。そのうえ、社員同士はインドネシア語と全く異なるジャワ語を使い、会議でもジャワ語が混じる。この会社の工場長は現地採用ということで、インドネシア語ができることが前提となっている。

周りの物事に比較的鈍感で楽天的な私も、さすがに一年後の契約更新まで勤まるか不安であった。しかし、一挙に知識が増えるはずもないので自分なりに最大限努力して、それでだめな時は契約期間の途中でも職を降りると覚悟を決めた。そんな中、追い打ちをかけるように、わが工場に新しい仕事の打診が来た。

着任早々、新しく仕事を打診してきたのは世界トップクラスのアメリカ資本の多国籍医薬品メーカーである。これまでオーストラリアで生産していたアジア、オセアニア地域向けの医薬品の生産をインドネシアのスラバヤ近郊に移すため、化粧箱と能書と呼ばれる説明書のサプライヤーを探していた。わが工場はＩＳＯ９００１のライセンスを持っていたおかげか、供給先候補の一社に挙がったようである。

ＩＳＯ９００１とは、国際標準化機構（ＩＳＯ）が発行した品質マネジメントシステムに関する国際規格で、審査登録機関の審査に合格することにより認証される。一度認証されたあとも毎年、維持審査を受けなければならない。


要求された仕様で化粧箱と説明書の概算見積もりを提出したところ、早速、工場や設備の改造・更新を要求され、医薬品業界が守らなければならないＧＭＰ（Good Manufacturing Practice）とＧＤＰ（Good Documentation Practice）に関する研修を受けることになった。今後の受注規模の見通し及び要求されている改善事項とそれを実現するために必要な概算投資額を日本の本社に報告したところ、日本の本社から必ず受注するようにとの指示が来た。しかし、そのためには監査に合格しなければならない。

医薬品関連の生産の場合、非常に厳しい生産環境と品質を要求されるが、勤務していた工場は医薬品のパーツを製造することが想定されていなかった。そのため、防虫、防塵対策など建物自体の大幅改修、機械・設備の新規購入、品質管理のやり方、文書管理の変更まで必要であった。入社して間もなく、大変な難題を背負い込むこととなった。このような状況に対して、日本の本社も全面的に応援してくれ、日本から医薬品の印刷経験者、ジャカルタから日本人の品質保証責任者を長期にわたって派遣してくれた。

二〇一三年四月第一回の監査はその医薬品メーカーのシンガポールの監査チームに所属するインド人女性によってISO9001に則って行われた。しかし、私自身が品質管理の基本的なことを全くわかっていなかったので、本社の応援むなしく不合格であった。そのあと彼女から要改善点のリストが送られてきて、それをもとにそれぞれの改善点をいつまでに完了するかの業務計画書の提出を求められた。さらに電話で進捗状況をチェックされ、できていない場合はいつまでに完了するかコミットメントを要求された。

第二回の監査はその年の六月に同じ監査チームに所属する中国人女性によって行われた。しかしcalibration（測定機器の校正）について質問されたが、情けないことに私自身がcalibrationを「銃の口径」の意味しか知らなかったため、質問が理解できず、うまく答えることができなかった。そのうえ、抜き取り検査のサンプリング方法やチェックリストの記入方法が基準を満たしていなかった。さらに万全を期したはずの5Sでも天井の壁の隅に蜘蛛の巣が見つかったり、監査中に工場の中に蠅が入ってきたりで、散々な結果となってしまった。

最終監査

最初に監査を行ったインド人が最終の監査に向けて、何度もメールや電話で進捗状況をチェックし、また、フォローアップのためシンガポールから何度も来社してアドバイスをしてくれた。しかし、なかなか要求されるスピードに応えることができず、インド訛りの英語の電話がかかってくるたびにプレッシャーが高まり憂鬱になった。

最終となる第三回の監査は十一月というメールが来た。この監査に落ちたら仕事は受注できない。しかし、会社はすでに、私がこれから死ぬまで無給で働いても取り戻せないほどの設備投資をしていた。

私がいつも朝の生産会議で「我々の工場」と言っていたせいか、従業員も他人ごとではなく自分たちのことと捉えているようであった。日常業務に加え、ＱＡやＱＣの担当者はＩＳＯ９００１のマニュアルに従って、書類に不備がないか、検査方法が適正か、毎日夜遅くまでチェックしていた。倉庫の担当者も通常業務の合間に千枚近くある工場内のパレットが殺菌済みであるか、膨大な数の材料、出荷待ち製品の置き場所や表示が適切かを一つ一つチェックしていた。生産現場も作業手順や仕掛品の保管状況をチェックしていた。

私も毎日、工場の全エリアを細かく点検して回った。購買や営業などの事務所のメンバーも契約書や伝票、書類に漏れがないかチェックした。さらに、その医薬品メーカーのインドネシア工場の工場長、生産、購買、品質保証の各マネジャーもたびたび工場に来て指導してくれた。インドネシアであることを忘れさせるくらい、工場全体に緊張感がみなぎっていた。

いよいよ、十一月、最終監査の日がやってきた。監査の前日はスラバヤの自宅まで戻らず、会社の近くにあるホテルに泊った。全部を点検できるはずもなく、気休めでしかないが、監査当日は朝五時半に出社して再度工場の目に見えるところをチェックした。あとは従業員を信用し、運命を神に任せるしかない。

監査の日から一週間後、監査の結果報告のメールが来た。緊張しながらそのメールをクリックすると、一部建物の隙間改善の条件付きで合格であった。我々は漸くその製薬会社のサプライヤーの一社となることができた。事務所のメンバーにメールの内容を報告すると、事務所にどっと笑顔が溢れた。

そして、約束通り二週間後、合格祝いパーティーを行った。

先鋭化する労働組合と急激な賃金上昇

私の勤務していた時期、二〇一二年から二〇一六年にかけて、インドネシアでは大幅に賃金が上昇した。特に私が勤務していた工場があるパスルアン市では、生産性の上昇を無視して毎年最低賃金が二十～四十パーセントずつ上昇し、さらに、地方条例で業種別賃金の上乗せがあった。その結果、勤務していた四年間で最低賃金は実に二・五倍になった。

他の社員もある程度最低賃金に連動して賃上げせざるを得ないため、労務費は最低賃金にほぼ比例して上昇した。

当時、インドネシアでは、金属労協を中心に労働組合が先鋭化して、大幅な賃上げを求め、大規模なストライキやスウィーピングというデモやストライキへの参加強要が発生するようになった。自治体も人気取りのためか大幅賃上げを認め、さらに当時のユドヨノ大統領もそれを容認する方針であった。

また、工業団地内では今まで組合がなかった日系の工場まで次々と組合が結成され、デモやストライキが頻繁に発生した。

二〇一六年、ジョコ・ウィドド大統領は、このまま労働組合の要求通り大幅な賃上げが続いていけば、経済的に大きなダメージを受けると判断し、物価上昇率をベースにした賃上げガイドラインを発表し、地方自治体に協力を求めた。その結果、二〇一七年度は常識的な十パーセント強の賃金上昇に落ち着いた。

しかし、賃金がすでに高水準となったうえ、就労ビザの要件も頻繁に変更され、一時のような外資企業の進出ラッシュはなくなり、パスルアンの工業団地でも新たに進出してくる工場もあったが、撤退する工場もあり、売れ残った状態が続いた。わが工場との取引額が上位の日系企業の得意先も、インドネシア現地法人の大規模なリストラにより取引額が十分の一以下となった。もし、外資系医薬品メーカーの受注を取れていなければ、わが工場も大変なことになっていた。新しい顧客を獲得するのは多くの時間とエネルギーがかかるが、失うのは一瞬である。

インドネシア勤務最終日

二〇一六年十二月、インドネシアで約四年半にわたる勤務の最終日、終業時刻の一時間前に一人の従業員から「会議室に来てください」と言われた。会議室に入ると、私の顔写真と名前が書かれた大きなバナーが壁に貼られている。そのあと、事務所の社員が次々と集まってきて、サプライズ送別会が始まった。

私が入社して以来、いつの間にか撮られていた私の写真を集めたパネル、従業員が描いた私の似顔絵、インドネシアのインスタントラーメンで作られたタワー、手作りのワヤンの模型、バティックの服、自分たちで作った民芸品などの多くの心のこもった記念品を各セクションからいただいた。そして最後に全員からと言って「ミスター・ミヤナガとの思い出」というタイトルのＭＰ３データが入ったＵＳＢメモリーを受け取った。

そのあと、生産現場に行くと、各セクションで握手やハグ、それに写真撮影、中にはツーショット写真まで求められ、まるで芸能人になったような気分になった。定年間近、五十代の製本作業現場セクション・リーダーの男性がうっすら涙を浮かべ、「いままでありがとう」と言ってハグしてきた。インドネシア人の情の厚さに感動してしまった。

当日は、日本からも取締役でインドネシア法人の社長が来てくださり、後任の工場長、ジャカルタ駐在の副社長とともに、会社のメンバーとの最後の夜の食事をご馳走になった。副社長からは「仕事をしたくなればいつでも戻ってきてください」と言われた。私を採用し、スラバヤで働く機会を与えてくれ、慣れない業務を全面的にバックアップしてくれたこの会社には感謝の念でいっぱいである。

後任の工場長は以前、私が勤務していた会社のインドネシア現地製造法人の元社長で、定年退職後スラバヤで工場経営のコンサルタントをしていた。彼はインドネシア人の女性と結婚し、スラバヤに住居を構え、永住するつもりであったので、私の後任として最適と考え、推薦したところ採用された。

翌日、皆からもらった餞別の品を整理し、「ミスター・ミヤナガとの思い出」を再生してみた。『Don't You Remember』のＢＧＭに乗せてこれまで従業員が撮ってくれた数々の写真とともに、各部署からの私へのメッセージと自分たちの写真が入っている。今でもこのビデオを見るたびに、これまでの人生でおそらく最も密度が高く充実していたスラバヤ時代の記憶が鮮明によみがえる。定年前の決断がこんな結果をもたらすとは、全く予想していなかった。インドネシアでこれほど素晴らしい従業員と一緒に仕事ができた自分の幸運に感謝する。

私にとってのインドネシア勤務

私にとって、インドネシアで勤務していた四年半は、日本国内で仕事をしていたころに比べると、ずいぶんすっきりとした気持ちで仕事に打ち込むことができた。

原因の一つは現地採用の一年ごとの契約工場長で、地位が上がることも下がることもなく、成果が出なければ辞めるだけという明快なポジションゆえ、自分の信念で仕事ができたからではないかと思う。

二番目に日本国内での営業のように顧客からの理不尽な要求がなかったことである。当然、インドネシアでも値下げ要求などはあったが、日本国内のようにバイヤーがサプライヤーに対して優位であると意識を持っていて、コンプライアンス上不可能な要求を吹っかけてきたり、あるいは、勤務時間外にまで呼び出されたりするようなことはなかった。

三番目は優秀で明るい社員、さらには幸運にも恵まれて、厳しい環境の中でも業績が順調に推移してきたこと、また、日本の本社も理解があり、我々を支援してくれたことも大きい。私の勤めていた工場は、先輩たちがつくり上げた風土なのであろうが、他の日系企業もうらやむくらい、素直で明るくモチベーションも高く、優秀な社員が多かった。また、社員の定着率も極めて高かった。

その中でも特に優秀であったのが生産管理のリーダーであった。彼は頭が良く人望もあり、周りの従業員からも一目置かれていた。印刷業はほとんどが受注生産で、納期が指定されているうえに、製造工程の異なる製品を同時に数十種類並行して生産しなければならない。どの機械をいつ稼働させ、どのように人員配置をするのがコストミニマムかという複雑な方程式を解くような業務である。また、彼は独学で英語をマスターし、北米の医薬品会社から業務改善指導を受ける際のインド人との電話会議もほぼ完璧に理解していて、私は聴き取れなかったところを彼に教えてもらうことがあった。

私は彼とよく工場の問題点や将来のことを一緒に話し合ったが、彼が中心となって従業員をまとめてくれた。急激な賃上げも「長期的にはインドネシアにとって良くない」と言っており、労働組合が結成されそうになった時も彼が急先鋒の従業員に「組合をつくっても意味がない」と言って説得してくれた。

私が退職後、後任の工場長は彼を副工場長に昇格させてくれた。二〇一九年十二月、久しぶりに工場を訪問した時、元気そうな彼の笑顔を見ることができ、これからの益々の活躍を期待し、激励した。

しかし、世界中で猛威をふるった新型コロナは、二〇二一年七月からインドネシアでも感染爆発を起こした。インドネシアでは連日五万人の感染者、二千人に迫る死者が出て、私も気になっていた。八月三日、後任の工場長と従業員の一人から私にＳＮＳで、ショッキングな内容の連絡があった。まだ、四十代前半の彼が新型コロナの犠牲者となったのである。これからの活躍が楽しみであったのに、二度と彼の活躍する姿を見ることができなくなってしまった。

そして、私の後任の工場長も二〇二二年十二月、心筋梗塞で倒れ、寝たきりの生活を送っていたが、二〇二三年四月帰らぬ人となった。彼は私より一歳年下であった。

第四章　スラバヤを楽しむ

スラバヤ旧市街

　スラバヤは人口約三百万人のインドネシア第二の都市で、人口四千万人を擁する東ジャワ州の州都でもある。よくインドネシアの大阪と言われているが、首都ジャカルタとの差は東京と大阪の差どころではない。市の中心部にもオフィスビルは少なく、スーツ姿の人を見ることはほとんどない。また、古くから交易都市として栄えてきたので、中華系の人や目鼻立ちのはっきりしたアラブ系の人も多く、旧市街にはチャイナ・タウンやアラブ人居住区がある。

スラバヤ中華街にある伝統市場

スラバヤの北に位置する旧市街、ジュンバタン・メラ（赤い橋）の辺りは独立戦争の時にイギリス軍と激しい戦いが行われた場所であるが、現在はベチャと呼ばれる自転車タクシーの客待ちの場所となっている。その近くにジュンバタン・メラ・プラザという庶民向けのややさびれた大きなショッピング・モールがある。

ジュンバタン・メラからマス川沿いに北に五百メートルほど行くと、渡し船の乗り場があり、のんびりとした空気を味わいながら約十円で対岸に渡ることができる。対岸の路地を入っていくと、サウジアラビア、イエメンなどの移民が居住するアラブ人の住宅地になっており、その北側には十五世紀にジャワ島でイスラム教の布教活動を行ったスナン・アンペルの墓のあるアンペル・モスクがある。この建物は東ジャワで最も古いモスクで、木造のためか落ち着いた雰囲気である。このモスクの参道の両側には衣料品店や食料品店が並び、賑やかな音楽が流れ、多くの人でごった返している。

ジュンバタン・メラから東に進むとキャキャ門という中国風の大きな門があり中華街に入る。中華街と言っても伝統的な中国の建物に入った穀物問屋の倉庫、事務所ばかりで、街は汚く、屋台以外に飲食店は見当たらない。キャキャ門を通り過ぎて最初の通りを左に曲がりまっすぐ進むと突き当りに細い路地があり、その両側の露天には肉や野菜、菓子などの食料品がずらりと並べられている。そこをさらに奥に進むと、パサール・パベアンという大きな伝統市場に入る。

ジュンバタン・メラから一キロほど北西には「サンプルナの家」というたばこ会社の博物館がある。サンプルナは現在ではフィリップ・モリスの傘下であるが、インドネシア最大のたばこ会社で、創業者一族はインドネシアでも十指に入る富豪である。この博物館にはクラシックカー、マーチング・バンド用の楽器、コスチューム、ドイツ製の印刷機などサンプルナ家の栄華を彷彿させる物品が数多く展示されている。また、一日三回観光バスによる無料ツアーがあり、旧市街地にある植民地時代の建築物やカンプン（住宅地）を散歩し、インドネシア語と英語でガイドが説明してくれる。

ホテルマジャパヒト

スラバヤの中心部にホテルマジャパヒトという歴史ある名門ホテルがある。このホテルは一九一〇年、シンガポールの名門ラッフルズ・ホテルを創設したルーカス・マーティン・サーキーズによって建てられた。

外観は、二階建て、白亜の瀟洒なコロニアル風である。建物の中に入ると、吹き抜けの天井からきらびやかなシャンデリアとゆっくり回るシーリングファンが吊り下げられ、ロビーには黒光りしているクラシックカーが展示されている。中庭に出ると、手入れされた広々とした芝生に大きな木が植えられ、その中庭をアーチ形の柱廊のある白い二階建ての建物が取り囲んでいる。ここをインドネシアを統治していた軍服を着た背の高いオランダ人が闊歩していたのであろう。

ホテルの一階にはインディゴという西洋料理から日本料理、インドネシア料理まで提供する多国籍レストランがある。木製の階段を上って二階に行くと、格調の高いアンティーク・インテリアとシャンデリアに囲まれたサーキーズというチャイニーズ・レストランがあり、優雅な気分であっさりして上品な中国料理を嗜むことができる。

ある日、ここで日本から来た社長と食事を取っていると、レストランの支配人らしき人がやってきて、このホテルの歴史を説明してくれた。このホテルはオランダが支配していた時代には「オラニヤ・ホテル」と呼ばれていたが、一九四二年日本軍がスラバヤを占領すると、ここを接収して「ヤマト・ホテル」と名前を変更した。一九四五年八月十五日、日本が第二次世界大戦で連合軍に降伏すると、再びオランダの国旗が掲げられ、十月にはイギリス軍がスラバヤに上陸してきた。これに対し、インドネシア軍は日本軍が置いていった武器で戦い、スラバヤにいたイギリス軍を全滅させた。この時、インドネシア人の青年が「ヤマト・ホテル」の屋根に上り、掲げられていたオランダ国旗を引き裂いて赤と白をつなぎ、インドネシア国旗として掲げた。その後もインドネシアは各地で再び侵攻してきたイギリス軍、オランダ軍と戦い、一九五〇年にようやく完全な独立を果たした。

サーキーズから二階のベランダに出ると、湿った暖かい空気が体を包み、暗い闇の中にこのホテルの周りにあるコロニアル風の建物がほんのりと浮かび上がっている。オランダの植民地時代、日本軍の統治時代、その後の独立への壮絶な戦いといったインドネシアの激動の歴史が目に浮かんでくる。

スラバヤのディープスポット

市の中心部、グブン駅の近く、スラバヤ・プラザというショッピング・モールの隣の公園に潜水艦モニュメントがある。潜水艦はソ連製で、一九五二年に建造され、実際に使われていたという。全長七十六メートル、全幅四・七メートル、排水トン数千三百四十トンという大きさであるが、中に入ると船室は狭くケーブルやパイプが張り巡らされ、あちこちにメーターがあり、圧迫感がある。海中のこの狭い閉ざされた空間で、敵からの攻撃の脅威にさらされながら生活していたことを想像するだけで激しい閉塞感と恐怖感に襲われる。

　この狭くて暗い潜水艦から外に出ると、明るい公園には、スピーカーから大きな音でロックがガンガン流れ、それに負けないくらいプールで遊ぶ子供たちの大きな声が聞こえてくる。しみじみと平和のありがたさを実感した。


　スラバヤ動物園は公式サイトによると広大な敷地に二百三十種類、約二千二百頭の動物が飼育されている東南アジア最大級の動物園である。インドネシアの生物区は東洋区とオーストラリア区、それらの混在した区域に分かれている。その結果、インドネシアには世界でも有数の多様な生物が生存している国である。

　一歩、動物園に足を踏み入れると、鬱蒼と茂った熱帯樹林と淀んだ池がインドネシアのジャングルを連想させる。しばらく歩くと、鉄製の柵に囲まれた木や草むらのある広い敷地に体長二メートルもある世界最大のトカゲ、コモドオオトカゲが舌を出し入れしながら徘徊している。それも一匹や二匹ではなく何十匹もいる。コモドオオトカゲはコモド島やリンチャ島などに生息しており、毒を持っていて、人間を襲い殺してしまうこともあるという。その他、インドネシアだけに生息するバビルサ（豚鹿）というイノシシの仲間やインドネシア東部とオーストラリアに棲息する喉の肉垂が赤いヒクイドリなど日本では見ることのない、珍しい動物が飼育されていた。

土日は多くの家族連れや若い人たちで賑わっている。園内のあちこちにゴミ箱があるにもかかわらず通路や広場には大量のゴミやペットボトルが散乱し、音楽が大音量で流れている。

スラバヤ動物園は、ずさんな飼育管理、さらには来場者が動物に勝手に餌をやるといったモラルの低さから動物の死が相次ぎ、「死の動物園」と言われ、動物愛護団体から閉鎖を求められていた。最近は経営が市に移り、飼育状況は改善していると聞いている。

スラバヤで働き始めたころ、スラバヤで最高級のホテル、シャングリラの裏にドリーと呼ばれる、東南アジア最大の売春街があった。ある日、会社の帰り、運転手に立ち寄ってもらい車の中から眺めた。スラバヤのどこにでもある屋台や雑貨屋のある汚くて暗い通りのところどころに明るい美容院やソファーに若い女性たちが座っている待合所らしき店舗がある。この通りを歩く男たちに交じって、子供の姿も見える。

ここでは麻薬の売買や親がわからずに産まれた子供たちの人身売買が行われているという話を聞いて、ふと、快楽のあとに襲われる激しい虚しさを想像した。二〇一四年、スラバヤの女性市長リスマ氏は、多くの反対運動を押し切り、この売春街を閉鎖、解体した。

二つの世界

私の住んでいたコンドミニアムの周辺には高級住宅街が広がっていた。一軒四千万円から数億円、中には十億円を超えるプール付きの豪邸もある。インドネシアの多くの高級住宅街では住宅地の入り口に守衛事務所があり、ガードマンが常駐している。各邸宅のシャッターの奥には高級車が何台も並んでいる。彼らは決してベモという小型乗合自動車やバスに乗ることはない。

計画的に美しく造られたショッピング・モールとコンドミニアム、高級住宅街が建ち並ぶエリアから一歩出ると、昔からの雑然とした古い街並みが続いている。幅七メートルほどの表通りには歩道やセンターラインはなく、路肩には空のペットボトルやゴミが散らかっている。その道路を車とバイクがほとんど途切れることなく行き交い、時折、ベモが客を探しながらゆっくり走り、一台に家族四人が乗っているバイクが通り過ぎる。

道路の両側には、レンガを積み上げモルタルを塗っただけの簡素な造りの建物が並ぶ。大衆食堂からは鶏肉や山羊肉を焼く香ばしい炭火の煙が立ちのぼり、屋台風のカフェでは、カウンターに座った若い男たちがコーヒーカップを片手にたばこの煙を燻らせながら、スマホを操作している、建設現場では数人の作業員が座り込んで煙草をふかして休憩し、八百屋では少し干からびた野菜が雑に並べられている。礼拝の時間になるとモスクからは大音量のアザーンが流れてくる。

表通りから一歩路地に入ると、道路の両側に雑木林、雑草の覆い茂った空き地、住宅が混在している。年寄りは通りに面したテラスの椅子に座り外の様子をのんびり眺め、子供たちは家の前の道路を裸足で走り回っている。おばさんたちは、薄地のカラフルなワンピース姿で井戸端会議をしている。

小さいころから勉強ばかりして、人工的に造られた高級住宅街の豪邸に住み、高級ショッピング・モールしか行かず、高級車を何台も持ち、何人ものメイドを雇い、子供の世話は彼女たちに任せて、お金と時間に追われている富裕層の人たち。一方、狭い家に家族が肩を寄せ合って住み、伝統市場で雑談をしながら買い物をし、屋台やワルンで仲間とワイワイガヤガヤ騒いで、将来の心配なんかしない庶民。インドネシアは同じ土地に二つの違う国が存在しているような気がする。そして、一体どちらが幸せと感じているのだろうかと散歩しながらふと考えてしまう。

伝統市場

スラバヤ市内には二十を超えるショッピング・モールが点在している。その一方で、パサール・トラディショナルと呼ばれる伝統市場も庶民の台所として生き残っている。

通勤路の途中にパサール・バンギルという比較的大きな伝統市場があり、週に一回は野菜や果物を買うために立ち寄った。値段はスーパーマーケットの半分以下で、交渉すればさらに安くなることもある。ただ、市場の屋根はトタン葺で、中はところどころに裸電球が灯っているだけなので暗くて、甘酸っぱくすえたような臭いがするうえ、時々、通路を大きな鼠が走り回っている。雨季になると雨漏りがするし通路はぬかるんで、靴は汚れ、足がとられそうになる。

ジャワ語を話さないせいか初めのころは珍しがられた。顔なじみになった八百屋のおじさんがインドネシア語で「どこの出身」と訊いてくるので、日本人だと言うと、「この人日本人だよ」と、大きな声で周りの店の人に知らせる。どうも日本人はあまり伝統市場には来ないようである。親しくなると「今どこに住んでいるのか」とか「そんなに遠いところに住まなくても近くに安い下宿があるぞ」などお節介が始まる。果物売りのおばさんに「美味しそうなのをちょうだい」と言うと一生懸命匂いを嗅いで甘いメロンやマンゴーを選んでくれる。「おばさん美人だね」と言うと、笑いながらさらに値引きしてくれたりおまけをつけてくれたりすることもある。

市場の奥に行くと、あちこちにバナナがひもで吊るされている。いざ買おうと思っても店に売り手がいないことがよくある。周りの人に尋ねるとそのお店の人はお祈りに行っているというが、しばらく待っていても戻ってこない。商品を並べる高さ一メートルほどの台の上で寝ている人もいて、けだるささえ感じる。

市場の横にある空き地には、おじさんが自転車をこいで回す小さなメリーゴーランドに幼児がうれしそうな顔をして乗っている。道路の両側には移動式の屋台が立ち並び、食欲をそそる甘辛い匂いが立ち込めている。


インドネシアではナイト・マーケットもあちこちで開かれている。スラバヤの陸軍キャンプ場で週末に行われるナイト・マーケットは大規模で、多くの人で賑わっている。昼光色のランプを吊るしたおびただしい数の屋台や露店がぎっしりと並び、屋台の周りには香ばしい煙が立ち込めている。あちこちにビニール製の大きな人形が黒い空にぷかぷか浮き、空き地では　ビニール・シートの上でチェスをしている男や足を投げ出し談笑している中年女性たちがいる。

露店ではTシャツ、ジーンズ、日本のアニメキャラクターの大きなぬいぐるみ、草履、スニーカー、CD、一流ブランドの時計などこれでもかというくらい並んでいる。たった二百八十円の有名メーカーのオリジナル高級イヤホンを見つけたので、販売している若い女の子に「これ本物？」と訊いたら「そんなの知らない」と笑われた。

伝統市場ではあちこちで話し声が響き、笑顔が溢れている。エアコンが効いていて、ＢＧＭしか聞こえない無機質な高級ショッピング・モールより、格段に楽しい。

スラバヤの食

インドネシアはグルメにとって、パラダイスである。インドネシア料理の多くは、高温の油で揚げられ、味付けは甘辛くこってりしていて、様々なハーブの香りを楽しむことができる。また、サンバルという唐辛子、ニンニク、赤玉ねぎ、トマトなどをペースト状にして油で揚げ、レモンライムで香りづけした激辛の万能調味料を付けて食べるものが多い。

代表的な料理としては、サテという鶏肉や山羊肉の炭火串焼きの甘辛ピーナッツソース添え、アヤムゴレンという鶏のから揚げ、イカンバカールという魚の炭火焼、ソトアヤムという鶏肉スープ、いろいろな惣菜を盛り合わせたナシチャンプル、ナシゴレン（チャーハン）、ミーゴレン（焼きそば）、テンペゴレン（納豆揚げ）などがある。また、スラバヤの郷土料理のラウォンという牛肉のスープは、黒く見栄えは良くないが、あまり辛くなくてご飯にかけて食べると香りが良く実に美味い。

スラバヤのレストランの中で「ＬＡＹＡＲ」という海鮮料理店は全ての料理の味付けが群を抜いていて、日本でも経験したことがないくらい美味しく、値段も高くない。「ＭＩＮＧ・ＧＡＲＤＥＮ」の中国料理もレベルが高く、比較的安価である。ただ、両者とも一人では行きづらい。ホテルマジャパヒトに入っている「サーキーズ」の中国料理もあっさりした味付けで美味しい。スラバヤは福建省出身の華僑が多いせいか中国料理は味のレベルが高く、その割に値段も安い。

夜はいったん帰宅してシャワーを浴びてから、隣のショッピング・モールの中にあるフードコートで食事をすることが多かったが、会社からの帰路の途中にあるワルンやレストランに立ち寄ることもあった。

会社の帰りによく行ったのは、庶民的なインドネシア料理のワルン「ＢＵ・ＫＵＲＩ

普段のディナー　アヒルの唐揚げと厚揚げ

S」、牛テールのスープの美味い「DEPOT・ANDA・FIT」、台湾料理の「口福」、香港料理の「老板」、インド料理の「SITARA」、日本人が経営する日本料理の「ふるさと」、和風中華の「とんとん」などで、「とんとん」は中国人にも大人気であった。

とにかく、スラバヤでは美味しい店が多く、食べることが楽しい。ただ、日本人の経営している店や中国料理店以外では、アルコール飲料を置いていないところが多い。

インドネシアは美味しい果物にも恵ま

れていて、バナナやスイカは年中食べることができる。インドネシアのマンゴは外が緑色、熟したマンゴは果肉がオレンジ色で柔らかく、糖尿病の人は食べるのを制限されるくらいとろけるように甘いが、伝統市場に行くと一キロ百円あまりで買える。その他、マンゴスチン、パパイヤ、サラック、ランブタン、ドラゴンフルーツなど美味しい果物が数多くある。

第五章　インドネシアの旅を楽しむ

初めてのインドネシア旅行

インドネシア大学の授業が始まって一か月ほど経った二〇一一年の九月、世間ではレバラン休暇は終わっていたが、大学はまだ授業が始まっていなかった。急遽、『地球の歩き方』を片手に古都、ジョグ・ジャカルタに向かった。

強烈な日差しの中、だだっ広い公園に敷かれた石畳をガイドと一緒にしばらく歩くと、真っ青な快晴の空を背景に黒い石を積み上げた巨大な塔がいくつも現れた。プランバナン遺跡群の中心寺院ロロ・ジョングラン寺院である。その中でもシヴァ神殿は十五階建てのビルディングに相当する四十七メートルで最も高い。それぞれの塔の壁面には気が遠くなるほど多くのレリーフが彫られ、その周辺には黒い瓦礫が散乱している。プランバナンの遺跡群は十六世紀の大地震で多くの寺院が破壊され、その後、放置されていたが、一九三〇年代に修復が開始され、一九九三年に完了した。ところが、二〇〇六年に起きた中部ジャワ地震により、再び崩れ落ち、私が訪問した二〇一一年は、まだ修復作業中であった。

九世紀、ジャワ島中部は、ボロブドゥールを建造した仏教王国のシャイレンドラ王朝とヒンドゥー教国のサンジャヤ王朝によって統治されていたが、サンジャヤ王朝の王はシャイレンドラ王朝から姫を妻として迎え入れた。このロロ・ジョングラン寺院は両家の婚姻を記念して建造されたといわれている。

ロロ・ジョングラン寺院を出るとガイドと別れ、灼熱の太陽がギラギラと照りつける中を広大な公園の一番奥にあるセウ寺院に向かった。セウ寺院は仏教寺院であるとのことであるが、入り口の両側には、威圧的な姿をしたヒンドゥーの守護神であるクベラが短剣を右手に持ち、大きな目でにらみつけ、待ち構えている。奥に進むと、数多くの塔が崩れ落ち、頭部のない像が放置され、黒い瓦礫が散乱している。快晴であるにもかかわらず、そこには暗く重い空気が漂っていた。

密林に囲まれたボロブドゥール遺跡

翌日、ホテルのレセプションで教えてもらった通り、近くにあるバスの停留所からトランス・ジョグジャで終点のジョンボル・バス・ターミナルまで行った。このバス・ターミナルはずいぶん街はずれにあり、薄暗く寂れている。バス・ターミナルの職員にボロブドゥール行きのバスの乗り場を尋ねて、そこで十分ほど待っていると、小型の汚いバスが来た。「バスはスリが多いので気を付けるように」と『地球の歩き方』に書いてあったので、財布を入れているポケットのボタンをしっかり留め、緊張して乗り込んだ。座席の間隔はまるで幼稚園バスのようにやたら狭い。バスは観光客向けというより地元の足のようで、途中から乗ってくる客や降りる客も多く、立っている乗客も増えてきた。小型バスはドアを開けたまま、のどかな田園地帯をバリバリと大きな音を立てて快走する。私は全く身の危険を感じることなく、ボロブドゥール・バス・ターミナルに到着した。

バス・ターミナルからボロブドゥールの方へ歩き出した途端、ベチャの客引きが次から次へと寄ってくる。ムンドゥッ寺院まで行くことを条件に四万ルピア（約四百円）で借り切ることにした。ベチャを降りて入場券売り場の方に歩いていくと、今度は何人もの物売りが土産物を売りつけようとしてしつこく付きまとう。私は入場券売り場で切符を購入すると、ボロブドゥール史跡公園の敷地に逃げるように入った。

ボロブドゥールは西暦七八〇年ごろ、当時中部ジャワに興った仏教国、シャイレンドラ王朝が建造、約五十年の歳月をかけて完成した。しかし、シャイレンドラ王朝が崩壊すると、密林の中で火山の灰に埋もれて、一八一四年イギリス人のラッフルズに発見されるまで、約千年の間、人々の記憶から忘れ去られていた。

広大な史跡公園の参道を進むと正面に一辺の長さが百二十メートル、高さが三十五メートルの巨大な石の建造物が現れる。その遺跡は盛り土の上に二百万個の石のブロックが接着材を使わずに積み重ねられているという。それでも二〇〇六年の中部ジャワ地震では全く被害はなかった。

基壇の上にある四段の回廊の壁面は、細かいレリーフで埋めつくされている。各回廊には如来像が外を向いて鎮座し、回廊を登るたびに少しずつ視界が広がる。四段目の回廊を上がって最上部の円壇に到達すると、一気に視界が広がり、鐘のような形をした仏塔がいくつも現れ、シュールな世界に入る。ここは物質世界から解脱した無色界を表しているとのことであるが、私も歳を重ねるごとに視野が広くなり、無の境地に近づきたいと思った。

最上部から周りを見渡すと、周囲は広大な密林に囲まれており、千年もの間、発見されなかったのがわかる気がする。遠くには過去、何度も爆発を繰り返し、今なお噴煙を上げているムラピ山を見ることができ、ふと美しい仮想の世界にいるような気がしてきた。

ボロブドゥールの公園から門の外に出ると、再び物売りがしつこく追いかけてきて、現実の世界に引き戻される。うんざりしながら物売りを振り切って駐車場の方へ歩いていくと、先ほどのベチャのおじさんがじっと待っていた。

ムンドゥッ寺院はだいたいこの辺だと言われてベチャから降ろされた。ずいぶんいい加減である。目の前にたくさんの仏像のある寺院らしきものがあるが、建物も新しくどうも様子が違う。しばらく歩き回り、ようやく石造りの塔堂を見つけた。

塔堂の中に入ると、ひんやりしている。仏像にしては妖艶で涼しげな表情をした高さが三メートルほどもある大柄な如来像が脚を少し開いて椅子のようなものに座っている、その両側には片足を椅子の高さに保ち、もう一方の足を降ろした菩薩像が二体あった。広隆寺の弥勒菩薩のようなポーズである。まさかインドネシアでこれほど美しい仏像に出会えるとは思わなかった。ムンドゥッ寺院はボロブドゥールと同じころ、八世紀末から九世紀初頭にかけてシャイレンドラ王朝により建立されたが、やはり千年もの間、火山灰の泥の中に埋もれていた。

バス・ターミナルに向かう途中、エロ川の橋のところでちょうどジョグ・ジャカルタ行きのバスが来たので、ベチャのおじさんは手を挙げてバスを止めてくれた。彼にはチップを含め五万ルピアを渡して、バスに乗り込んだ。振り返ると、彼はじっと立っていてこちらに手を振っていた。

ヒンドゥー教の聖地・ブロモ山

マッサージ屋のおばさん、シティ（仮名）が副業でお客さん相手に旅行を企画しており、私も彼女から時々、声をかけられた。私の場合、かなりピンハネされているようであったが、それでもガイドブックに載っていないところや個人では行きづらいところに連れて行ってくれるので、時々、誘いに便乗した。

スラバヤに来て三年目の二〇一四年十二月、夜十一時に私の住んでいるコンドミニアムの玄関に二十八歳の男性が運転する黒いミニバンがやってきた。これからブロモ山に向かうが、シティしか乗っていない。一緒に行く予定であったオランダ人が、急にキャンセルになり、三人で行くことになった。ブロモ山については、インドネシア大学のＢＩＰＡの授業でも観光地として何度か取り上げられていて、インドネシア滞在中に一度は行きたいと思っていた。しかし、途中で登山専用の車に乗り換えなければならず、要領がわからないうえ、その価格も交渉次第であると聞いていたので、スラバヤから近いにもかかわらず、一人で行く自信はなかった。

　ブロモ山への登山口であるチェモロ・ラワンの駐車場には真夜中の午前二時前に到着した。車から降りると空気がきりっと冷たく、吐く息が白くなる。ここから先は登山専用の四輪駆動SUVに乗り換えなければならない。運転手が先ほどから価格交渉に出かけていたが、ようやく戻ってきた。しばらくすると、予約したSUVが到着した。我々が乗り込むとカーブの続く真っ暗な山の中の砂利道をのろのろと走りだし、三十分あまり走ったところで止まった。

　まだ朝の四時前であるが、路肩には同じ型のSUVばかりがぎっしりと並んでいる。ここから少し歩いてプナンジャカン山の展望台を目指す。車を降りると寒さで体が震える。赤道付近とはいえ、標高二千七百七十メートルの明け方は摂氏十度を下回り、日本の真冬並みの気温である。コンクリート敷きの展望台は、午前四時、まだ、真っ暗であるにもかかわらず、すでに多くの人で溢れかえっていて、周りの景色を見ることのできる場所が見つからない。散々歩き回って、ようやく一人分のスペースを見つけると、冷たい鉄製の手すりに寄りかかり、夜が明けるのをじっと待った。

暗闇の中、左下の方に村の灯りが見えるが、時折、黒い雲がその光を遮る。空がわずかに白んでくると、眼下には白い雲が広がりだした。正面遠くに白煙を噴き出している薄紫色をしたスメル山、右手やや下方に緑がかったバトゥッ山、その後ろに灰色のブロモ山が白い雲海に浮かぶ島のように頭を出している。

しばらくすると、眼下に広がる白い雲がまるで大河のように、山と山の間を音もなく、ゆっくりなめらかに流れ始めた。流れている雲はところどころで滝の水が落ちるように、次から次へと下に吸い込まれていく。私は固唾をのんでその神秘的な現象をじっと見続けた。夜明け前の薄暗い舞台で、幻想的なパフォーマンスは延々と繰り広げられた。私はこれまで見たことのない不思議な光景にしばらく釘付けになった。すっかり時間を忘れて見入っていると、やがて劇場全体が少しずつ明るくなり、夢のようなショーは終わりに近づいてきた。

いつの間にか周りはすっかり明るくなって、流れていた雲も消えて、周りの人々の話し声が聞こえ始め、現実の世界に戻った。運転手、シティと合流すると、来る時に乗った四駆のSUVのナンバープレートを探して、下山することにした。プナンジャカン山から同

ブロモ山麓に広がるクレーター

じタイプのＳＵＶが次から次へと隊列をなして山の中をゆっくり下りていく。

二十分ほど走ると、あたり一面が灰の砂漠になっているクレーターに到着した。広大な駐車場で車を降りると、霧のかかった砂の海の向こうに灰に覆われ白煙を噴き上げているブロモ山が、右手には木に覆われたバトゥッ山が頭を出している。正面左手彼方にはヒンドゥー寺院が小さく見える。その灰の砂の海を馬が人を乗せてゆっくり歩いている。コンピューター・グラフィックのようなシュールな光景である。

ブロモ山の山頂を目指して、二十八歳の運転手と砂の上を競走した。坂道を上った後、二百七十五段を登りきると真下にゴーと唸りながら白煙を噴出している火口が見える。転落すれば、一瞬で灰になると思うと足がすくむ。私は恐怖に襲われ、すぐに下山した。

ブロモ山はヒンドゥー教の聖地と呼ばれている。インドネシアでは十六世紀に入るとイスラム教が勢力を伸ばしてきたので、ジャワ島にいる多くのヒンドゥー教徒上層の人たちはバリ島に移住したが、マジャパヒト王国の王族の一部はブロモ山周辺に逃げてきて住みついた。彼らはテングル族と呼ばれ、ヒンドゥー教を守り抜き、麓の傾斜地で高原野菜を栽培したり観光客相手に商売を行ったりしている。

南ジャワの絶景海岸

ジャワ島の北側は大陸棚になっていて、海も比較的穏やかである。それに対し南側の海岸はインド洋に面し、波が荒いうえにすぐに深い海溝となっているので、昔から遭難する人が多かった。ＢＩＰＡの授業でも「ジャワ島の南海岸にはニ・ロロ・キドゥルという女神が住んでいて、彼女が怒ると人を連れ去って、その人は二度と戻ってくることはない、また、緑色の服を着ている人を見ると、その人を自分の召使だと思い、海に連れていく」という民話を習った。

このような事情により、昔から交易船は比較的波の穏やかなジャワ島北側のジャワ海を通った。その結果、北海岸は交易で栄えた都市が多いのに対し、南側はほとんど開発されず、自然が残り海水が透明で風光明媚な海岸が多い。

二〇一五年四月末、やはりシティの誘いで東ジャワのインド洋海岸巡りの旅に出かけた。今回は、運転手、シティの他に小柄なインドネシア人の女性が一緒である。途中、勤務先の工場の近くで洪水による渋滞に遭い三時間ほど足止めを食らった。

最初に向かった先がジュンブルから少し南に行ったところにあるシティの親戚の家であった。そこで二時間ほどシティは話し込み、運転手は昼寝をしている。どうやら自分の親戚の家に用事で行くために我々は利用されたようである。それでも、初めてインドネシア人の民家に上がらせてもらい、家の人と世間話をし、近所の気だるい空気が漂っている田舎道を散歩し、東ジャワの田園風景を楽しむことができた。

そのあと、ワトゥ・ウロ海岸、その隣にあるパプマ海岸を回った。いずれの海岸もジャカルタやスラバヤでは考えられないほど水は透明で、大きな岩が転がっていて、景色は雄大であるが、波は高く遊泳に向いていない。

内陸にあるジュンブルという町まで戻ってから、真っ暗になった山道を二時間余り走ると、下の方に無数の灯りが輝いている。長い坂を下って行くと、ジャワ島東端の港町バニュワンギのロッジに到着した。

翌朝、予定より一時間以上遅れて出発した我々は、田畑の広がる田舎道を疾走し、プラウ・メラを目指した。プラウ・メラの砂浜は広大な弓型になっていて、砂はさらさらで裸足で歩くと気持ちが良い。海水は完全に透明である。波打ち際ではジルバブを被りTシャツを着た女性たちが話をしながら散歩をし、その横をサーフボードを抱えた男たちが通り過ぎてゆく。ここは二〇一三年に世界サーフィンのチャンピオンシップも行われ、サーファーの間では有名な海岸だそうである。真っ青な海の沖から白い波が一直線になって音を立てて近づいてくる様を見ていると、確かにサーファーはじっとしていられないであろう。

その年の八月、やはり、シティの誘いで、今度はスラバヤから西にある中部ジャワ方面のジャワ島南海岸を巡った。今回、同乗してきたのは黒いジルバブを被った、幼稚園で英語を教えているという少し変わった女性である。日本人に敵愾心を持っているのか、道中、「日系企業を乗っ取ってやる」と英語で呟いていた。

我々を乗せたミニバンはオレンジ色の街路灯が光る真夜中の国道を快走し、夜明け前にポノロゴという田舎町にある大きなモスクの駐車場に到着した。ここでしばらく休憩をするとのことである。アザーンが鳴り響く中、私以外の同乗者は夜明け前のお祈りのためライトアップされたモスクの中に入っていった。うっすらと空が白んで、モスクの全体像が浮かび上がってくるころ、ミニバンは再び朝もやの立ち込めるジャワの田園地帯を走り出した。

クラヤール海岸は白く柔らかい砂浜が延々と続く大きな海岸で、海水は完全に透明である。いかにも南国らしいのんびりとした雰囲気の美しい海岸であるが、やはり波が高い。その海岸の東端にはスフィンクスのような形をした高さ五、六メートルの大きな岩がある。その横に幅十メートル、高さが三メートルくらいの岩礁があり、高波が押し寄せてきた時には岩の上から滝のように水が落ちてくる。また、高い波が岩に当たると水が噴水のよう

ジャワ島の南岸クラヤール海岸の瀑布

に岩の穴から噴き出す光景も見ることができる。この予測のつかないタイミングで現れる珍しい光景を見ていると、つい時間が経つのを忘れてしまう。

その後、さらに東に行ったところにあるバニュ・ティボという海岸に来た。海岸段丘になっていて、その高台から望むインド洋の景色は、岩壁にぶつかる波の音と相まって雄大で感動的である。訪れた時、右下に広がる岩礁で竹製の円錐形の日除け帽を被り釣りをしている人がいた。波の緊張感とのんびりした釣り人の光景が対照的である。インド洋に向かって左下には幅二十メートルほどの小さな砂浜がある。そこに十メートルの高さから勢いよく湧き出た水が滝のように落ちていて、五、六人の若い男女が滝の下で大声で騒ぎながら水浴びをしている。

ジャワ島の南海岸は海岸沿いに走る道路が整備されておらず、東西の移動は一度内陸の中核都市に戻ってそこから放射状に延びた道路を走るしかない。また、これらの海岸へアクセスするための公共交通機関はほとんどないうえ、多くの道路は狭くてガードレールもなく舗装されていない。これらの観光地へのアクセスが改善されれば、インドネシアの観光産業は飛躍的に発展するであろうが、逆に現在のような自然の美しさや素朴さは失われるかもしれない。

マドゥーラ島の楽園

スラバヤとマドゥーラ島を結ぶインドネシア最長、全長五千四百三十八メートルのスラマドゥ橋を渡ると、延々と荒野が続いている。マドゥーラ島は東ジャワの北側に浮かぶ東西約百五十キロメートル、南北約四十五キロメートルの大きな島である。しかし、土地がやせているうえ観光資源もあまりないため貧しく、かつて一千万人いた人口も他の地区へ流出し、現在では四百万人になってしまった。また、ジャワ人に比べるとマドゥーラ人は気性が荒いと言われている。

二〇一五年十月、やはり夜中の十二時、アパートの前を出発、スラマドゥ橋を渡りマドゥーラ島に入った。ヨノ（仮名）の運転するミニバンはディーゼルエンジンのゴロゴロという音を立てながら、真夜中の見通しの悪いカーブの続く山道を東へとひた走る。

空が少し白んでくると、道路の両側の水田に真っ白な雪が積もっているような景色が現れ、一瞬驚いた。マドゥーラ島は空気が比較的乾燥していて、塩の生産が盛んとのことである。

夜を徹して走り続けたミニバンは早朝、マドゥーラの東端スメナップ県カリアンゲッの大きな駐車場に着いた。柔らかい朝日に照らされた駐車場は大型バスでやってきた観光客で賑わっている。私は車の中で仮眠しただけであるのに、なぜか爽やかな気分である。

すでにいくつかの大衆食堂は開いており、駐車場は香ばしい匂いに包まれている。その中の一軒に入り、焼き魚とご飯、野菜を選んで皿に盛ってもらった。カリッと焼かれた塩味の効いた鯵のような魚に少量のサンバルを付けて食べると、これが実に美味い。食べ終わって、木陰でコーヒーを飲んでいると、無人島に行く船の価格でも交渉してくれているのであろうか、シティとヨノがいろんな人と話している姿が見えた。

彼らが戻ってきてシティから船代の請求があり、言われた通りの額を渡すと、一軒の民家に連れていかれ、この家の応接間で待つように言われた。家の人と雑談をしていたが、話題がなくなって時間を持て余し、トイレに行ったり、家の中を見回したりしていると、男性が私を呼びに来たので、そのあとを付いていった。肩の高さほどの真っ白な壁に囲まれた路地から民家の庭を見ると、石畳のあちこちに花壇があり、パラソルの下にはテーブルと椅子がある。貧しい島と聞いていたが、まるでヨーロッパの邸宅の庭のようである。

川のほとりにある船着き場に着くと、ジャカルタから来た大学生男女八人と一緒にエンジン付きの大型ボートに乗り込んだ。どうやら人数がまとまるまで民家で待たされていたようである。

私と八人の大学生を乗せた大型ボートはポンポンポンという軽快なエンジン音を立てて川から海に出た。やがて、左手に見えていた大きな島も見えなくなり、視界は三百六十度、見渡す限り、真っ青な海だけになった。シティの説明だと一時間少々で着くとのことであったが、いつまで走っても紺碧の海と雲一つない真っ青な空以外何も見えない。ここでエンジンが止まったら漂流するしかない。救命胴衣は着けていたが、このボートが転覆でもしたらサメの餌になるかもしれないと思うと、段々、不安になってくる。そして、こんなところに来るのではなかったと後悔した。

出発してから一時間半ほど経ったが、まだ、船は同じ調子で走り続けている。もうどうにでもなれと開き直っていると、水平線の彼方にぽつんと小さな島が見えてきた。私はひたすらその島が目的地であることを願った。

ボートはエンジンを止め、チャプチャプ音を立ててゆっくり海岸に近づいていった。下を見ると、濁りのない透明な海水の下に珊瑚、正面には真っ白な砂浜と緑の森、その背後には紺碧の空が広がっている。写真集などで見るトロピカル・アイランドそのものである。

透明で生ぬるい海水に足を浸けて島に上陸した。島の名前はギリ・ラバッという。ヤシの木陰に座って、まぶしいほどの白い砂浜といろいろな種類のブルーのグラデーションを何も考えずにじっと眺める。聞こえてくるのは、静かな波の音と微かな観光客の話声だけである。時折、心地良い風が肌に触れ、最高に気持ち良い。次第に体中が無になっていくような気がする。

島を出発する時間が来た。島から五十メートルほどのところで、ボートは突然止まった。我々の乗っているボートは空中に浮いているような感じである。下を見ると、緑色のサンゴ礁の上を小さな熱帯魚が動き回っている。突然、ジャカルタから来ていた大学生の何人かが上着を脱ぎ、水着になって海に飛び込んだ。こんなことなら海パンを履いてきたら良かったと悔やんだ。ボートはしばらく停泊してからカリアンゲッの港に向かった。海の色はダークグリーンから濃紺へとどんどん変化していく。

カリアンゲッの駐車場に戻った時には少し日が傾いていた。マドゥーラ島東端、スメナップで夕日に照らされたクラトン（王宮）に立ち寄ったあと、スラバヤに向かった。しばらく走るとすっかり日が落ち、窓の外は真っ暗になってきた。パメカサンというところで幹線道路から脇道に入り、アピ・アラム（自然の火）に立ち寄った。

ここはすっかり観光地化されているようで蛍光灯をつるした土産物や衣服の露店がずらりと並んでいる。しばらく歩くと一辺十メートルほどの鉄柵に囲まれた土のあちこちから炎が出ていて、トウモロコシをその炎で焼いている人がいる。おそらく地中から天然ガスが噴出しているのであろう。突然、思いもよらぬ場所から大量のガスが噴き出して、爆発しないのだろうかと気になった。マドゥーラ島には他にもこのように地中からガスが噴き出し、炎を見ることのできるところがあるようだ。

スラバヤに近いマドゥーラ島西端、バンカランに着いたのは夜九時を過ぎていた。ヨノが行きつけの薄暗い屋台で遅めの美味い晩飯を取った。結局、アパートに着いたのは夜の十一時を回っていた。実に長い、二十四時間であった。

東洋のヴェネチア

スラバヤに来て一年を過ぎたころからどこか一人で旅行に行きたいと思い、『地球の歩き方』をパラパラとめくっていたら、「東洋のヴェネチア」という文字に目が留まった。ボルネオ島カリマンタンのバンジャルマシンという都市で、多くの人が水上生活をしているという。スラバヤからおよそ五百キロ北にあり、南カリマンタン州の州都で人口約六十万人である。

二〇一四年三月末、三連休を利用してバンジャルマシンを訪れた。ホテルに到着し、チェック・インを終えると、受付の女性に「水上マーケットを見るツアーを申し込みたいのですが、できますか」と尋ねた。すると、「私の父がツアーガイドをやっているので、ちょっと待っていてください」と言われ、一瞬、それはホテルと契約しているオフィシャルツアーなのかと疑問に思いながら、部屋に入らず、ロビーのソファーに座って待っていた。しばらくすると、中年の恰幅の良い男性が現れて、ツアーの説明を始めた。朝の四時にホテルを出発して、水上市場と野生の猿がいる島を訪れる予定とのことである。料金は朝食付きで百五十万ルピア（約一万五千円）と言われ、一瞬、高いと思ったが、ここまで来たらツアーに申し込むしかないと思い、その場で申し込んだ。

朝、四時少し前にホテルのロビーに降りていくと、ツアーガイド、すなわち受付嬢のお父さんはすでにソファーに座って私を待っていた。彼の運転するバイクの後ろに乗って暗

「東洋のヴェネチア」バンジャルマシンの水上家屋

闇の中を船着き場に向かった。想像以上に大きな船で幅が三メートル、長さは七、八メートル、屋根もあり少なくとも二十人は乗れるが、客は私だけでツアー料金も納得できる。

船はディーゼルエンジンの重い音を発しながら、ゆっくりと走り出す。真っ暗な川面に水上家屋の灯りがゆらゆら揺れている。空がわずかに白んで、濁った川やその上に建つ家の輪郭がぼんやりと浮かび上がってくる。川幅はどんどん広がり、やがて船は大河の中に滑るように入っていった。

夜明け前の大河には、いつの間にか色鮮

やかな野菜や果物を積んだ船やボートが集まってきて、船のエンジン音に混ざってあちこちから売り買いの声が聞こえてくる。ここはバトリ川にあるクイン水上市場で、数十隻のボートが集まり、水上で生鮮食料品が売買されている。薄暗い夜明け前の水上市場の光景はまるで映画のシーンのようである。

やがて、すっかり夜が明け、生鮮食料品を売買していたボートが散らばり始めると、私の乗った船はいろいろな種類のパンを積んだ小型船に横付けされた。ツアーガイドから先端にフックが付いた釣り竿の様なものを渡され、好きなパンを釣るように言われた。これが、「朝食付き」ということかと思いながら、深煎り極細挽きの粉に直接熱湯を注いだあまり香りのしない苦いコーヒーを飲み、ほんのり甘い揚げパンをかじった。

船は再び大河の中をゆっくりと走り出した。岸には大きな工場が建ち並んでいる。ツアーガイドによると、かつて、この辺は日系の木材工場がたくさんあったが、今では地元資本になったり、一部は閉鎖されたりしている。再びバトリ川の支流であるマルタプラ川に入ると、両側には川に打ち込まれた木の杭の上に木造家屋が建ち並び、住人が茶色く濁った水で洗濯をしたり、顔や体を洗ったり、歯を磨いたりしている。のどかな日曜日の朝、水浴している人がこちらをふり向き、ほほ笑んでいる。

ホテルで一休みしたあと、ふらふらと街を歩いていると自転車に乗ったおじさんに「旅行か」と尋ねられた。「運河ツアーをやっているから、もし参加したいなら連絡をくれ」と言って携帯電話の電話番号を教えてくれた。名前はヘンドリック（仮名）という。「今朝、水上市場を見てきたばかりだ」と言っても「いや、普通のツアーではなくて村を回るからおもしろいよ」という。

昼飯を食べたあと、ホテルの方に向かって歩いていると、今度は歩いているヘンドリックに会った。屋台で食事をして戻ったら、先ほど乗っていた自転車が盗まれたと言う。「ところで、ツアーの方はどうか」と訊いてきた。二十万ルピア（約二千円）でいいという。迷ったが、特にこのあとやることもないので申し込んだところ、「夕方三時半にホテルに迎えに来るからロビーで待ってろ」と言われた。

約束通り、ヘンドリックは三時三十分にホテルのロビーにやってきた。これから近くの船乗り場まで行くのかと思っていたら、一緒に乗る他の客がいるホテルまで行くという。

その日は朝早く起きたうえ炎天下を散々歩いて疲れていたので、うんざりしながら二十分ほど彼と一緒に歩いた。ホテルのロビーで十分ほど待っていると一組の夫婦が現れた。彼らと一緒にホテルの横のマルタプラ川に降りて、エンジン付きのやや大きなボートに乗り込んだ。婦人は中国系のインドネシア人、夫はドイツ人で、ジャカルタで紙の問屋を営んでいるとのことである。

ボートはマルタプラ川の支流に入り、川幅は狭くなってきた。川の両側にはぎっしり水上家屋が並んでいる。この汚い川で小学生くらいの男の子たちが八人ほど泳いでいる。そのうちの一人がボートに乗り込むと、次から次へと全員ボートに乗ってはしゃぎだした。ところが、いつまでたってもボートから降りないので、ヘンドリックが「いい加減にしろ」と怒鳴り彼らを川の中に放り込んで、ボートは再び走り出した。

川に面した水上家屋の住人たちは川で水浴や洗濯、食器洗いをしているが、これほど汚い川で大丈夫なのかと思ってしまう。彼らは時々、我々の方を見て「ハロー」と言ったり、笑顔で手を振ったりしている。普通、観光の船はこんなところまで来ないのであろうか。

三十分ほど走ると、ボートは川岸に泊った。これからカンプン（村）に入り、散策するという。停泊した場所の横にトイレがあったのでのぞくと、便器の下は川である。何の処理もせず直接垂れ流している。先ほど魚釣りをしている人や顔を洗っている人、歯磨きをしている人もいたが、薄められているとはいえ、伝染病など大丈夫なのか気になった。

村に入って、土がむき出しになった狭い道をしばらく歩いていくと、子供たちがうれしそうな顔をして集まってきて、我々のあとをついてくる。「お金ちょうだい」とか「どこから来たの」と言って、抱きついてくる子もいる。板壁にトタン屋根という粗末な造りの家しかないが、こちらが疲れるくらいみな明るく警戒心もなく人懐こい。

スラバヤの高級住宅地に住んでいる小学生より格段に表情が明るい。「インドネシアでは、都会で勉強のできる子供より田舎に住んでいて学力の低い子供の方が、学校の勉強を楽しいと感じている」という新聞記事を読んだことがあったが、なんとなくわかる気がする。田舎の子供たちは学校で習うことを新鮮でおもしろく感じるのであろう。

ミナンカバウ文化の街

スマトラ島は中央を赤道が横切っていて、熱帯雨林が広がり、多くの火山がある。大きな地震も多く、二〇〇四年に起きたスマトラ沖地震ではマグニチュード九・一を記録し、二十二万人が犠牲になった。

二〇一五年の年末と二〇一六年の年始の三連休を使って、ミナンカバウ文化の中心、ブキッティンギに出かけた。ブキッティンギは人口約十一万人、山に囲まれた海抜九百三十メートルの高原の街で、赤道直下であるにもかかわらず、涼しい。第二次世界大戦では日本陸軍がスマトラとマレーを統括する司令部を置いた地でもある。

ミナンカバウ王国は十四世紀に興ったが、この王国では土着の宗教を信仰し、飲酒や賭博が認められていた。また、男性が訪問婚を行い、家や財産は女性が所有し相続するという母系社会であったため、「ルマ・ガダン」と呼ばれる独特の建築様式が生まれた。

ホテルに到着すると、翌日の観光のためのレンタカーを予約して、早速、大晦日のブキッティンギの中心街へ出かけた。大きな広場には「ジャム・ガダン」というブキッティンギのシンボルである時計塔が建っている。大晦日だからなのか、その周りの道路の両側には屋台がずらりと並び、広場は馬車で埋め尽くされ、人口がわずか十一万人の地方都市とは思えないほど多くの人で賑わっている。

パダン料理店はスラバヤにもあり、時々利用していたが、やはり本場のパダン料理を試したくなり、『地球の歩き方』で紹介されていた「シンパン・ラヤ」という食堂に入った。地元の人にも人気がある店のようで、夕方六時前というのに店内はずいぶん混んでいる。パダン料理は小皿に盛られたいろいろな種類の料理が一度に二十皿ほど出てきて目の前に並ぶ。客は食べたい料理だけ選んで、食べた分の代金を払えば良い。この店の料理はややこってりしているが、かなりスパイシーで香りも良く、値段も予想していた半分以下で大満足であった。

ホテルに戻ってきて、バーがあれば一杯飲んで年末の夜を祝おうと思っていたところ、レストランの方から女性ボーカルのバラードが聞こえてきた。五十席ほどあるレストランでライブ演奏が行われていたが、客は誰もいない。一人で真ん中あたりの席に座り、ビールを飲みながらインドネシアの大晦日を楽しんだ。

翌朝、二〇一六年の元旦、ホテルのロビーで待っていると、前日ホテルを通して予約したレンタカーの運転手が私を迎えに来た。

最初に緑に囲まれた絶景スポットとして有名なマニンジャウ湖に向かった。あいにく小雨がぱらつき、山の上から見下ろす湖面は青みがかったグレーで、眼の前には鉛色の雲が手の届きそうなほど低く垂れ込めている。いろは坂のような四十四の連続するヘアピンカーブを降りていくと湖面に達する。静かな湖の周りは山に囲まれ、ホテルがいくつかあり、短パンにタンクトップ姿の西欧人が小雨の中を歩いている。彼らは一日中色が刻々と変化する湖をのんびりと眺めて過ごしているのであろうか。

パガルユン王宮は多くの観光客で賑わっていた。池のある広大な敷地には水牛の角のような屋根を持った建物が点在している。正面にある大きな宮殿の中に入ると、その絢爛さに圧倒された。十九世紀に入ると、スマトラ島の北端、パンダアチェを中心とするイスラム原理主義が勢力を伸ばし、一八一五年にミナンカバウ王国の王一族を虐殺した。パガル

母系社会ミナンカバウ文化の家「ルマ・ガダン」

ユンはそのミナンカバウ王朝最後の王、アラムの王宮を復元して建てられた。
三百五十年以上前に建てられたミナンカバウ様式の伝統家屋「ルマ・ガダン」が残っている、バリンビンという村に行こうと思ったが、運転手は場所を知らないという。私が地図を見せ、近くまで行ってもらい、路上にいる人に何度も尋ねてようやくたどり着いた。車を降りて、観光客がほとんどいない静かな村を散策した。家々の屋根は牛の角のような形状をしており、玄関は建物の正面中央にある。家屋は高床式になっているため玄関の前には階段がついている。

公開されている伝統家屋を見つけた。敷地の入り口に説明の掲示板があり、それによるとこの家は三百五十年前に建てられ、釘を全く使っていないとのことである。この辺は地震も多いはずなのに、そのまま残っているというのは日本の伝統建築と同じように結合部分に遊びのある免震構造なのかもしれない。正面にある階段を上って家の中に入ると、窓が少ないせいか、昼間にもかかわらず暗い。手前は大広間になっていて左手に大きな椅子があり、右手には食器棚などがある。奥に楕円形の出入り口のある二畳ほどの広さの小部屋が六部屋ある。その小部屋には女性や子供たちが住んでいて、男性が訪問していたのであろう。

スマランでタイムスリップ

二〇一六年三月、中部ジャワ州の州都スマランに向かった。

雨上がりのスラバヤ、パサール・トゥリの駅前広場はあちこちに大きな水たまりができている。この駅を定刻の午後三時三十分に発車した「グマラン」はディーゼル機関車にぐいぐい牽引され、スピードを上げてゆく。おそらく時速は九十キロくらいではないかと思うが、並行する一般道を一台のバイクが「グマラン」と競走している。ふと、バイクが他の車とぶつかったり、転倒したりしないかと心配になる。いつの間にか、バイクと道路は視界から消えて、窓の外が暗くなってきた。しばらくすると、激しい雷雨となったが、「グマラン」は冠水した道路や家屋の横を何事もないかのように静かに高速で駆け抜ける。

やがて、窓の外は真っ暗になり、家々の光が後ろに流れていく。ビジネスクラスの車内はギンギンに冷えてきて、まるで冷凍庫に入っているような感覚になった。いつも持ち歩いている薄手のウィンド・ブレーカーを羽織ったが、ほとんど効果なく、体の芯まで冷えて、乗車しているのがつらくなってきた。「グマラン」は途中、豪雨に遭いながらも、定刻である十九時五十分にスマランのタワン駅に到着した。

列車から外に出ると、空気が蒸し暑く重たかったが、冷房で芯まで冷え切った体には心地良かった。予約したホテルは駅から近いはずなので、グーグル・マップの音声案内に従ってキャリーバッグを転がしながらホテルに向かった。

街灯に照らされた石畳の通りの両側には二階にベランダのあるコロニアル風の建物やヨーロッパ風の古い建物が建ち並んでいる。突如、目の前にライトアップされたドーム屋根を持つ純白の美しい教会が現れた。十八世紀中ごろに建てられたスマランで一番古いプロテスタント教会であるブレンドゥック教会である。広場を挟んでその横に「Ｓｐｉｅｇｅｌ Ｂａｒ＆Ｂｉｓｔｒｏ」という、十九世紀、オランダの植民地時代に建てられた白壁のおしゃれなカフェ＆バーがある。ふと、オランダの植民地時代に迷い込んだような錯覚に襲われ、白いドレスの貴婦人が目の前に現れるような気がしてくる。

翌朝、ホテルからタクシーでサン・ポー・コンという中国寺院を訪れた。この寺院は十六世紀初頭、明王朝時代、宦官でイスラム教徒の鄭和がスマランを訪れたのを讃えて建造された。広大な敷地には鄭和の像や赤を基調とした中国風の建物が点在し、あちこちの壁面には漢字が並び、インドネシアにいることをすっかり忘れさせてくれる。

ラワン・セウの前の「青年の塔」がある広場の周りには若者がたむろしていて、平和でのどかな光景である。しかし、ここには悲惨な過去がある。一九四五年、日本が敗戦すると、インドネシア独立軍は日本軍に対して武器の提供を要求したが、日本は連合軍の指令に基づき拒否した。このことに対して、インドネシア軍民兵が日本人を多数処刑し、戦闘となり、双方に千人を超える犠牲者が出た。「青年の塔」はこの犠牲者を追悼して建てられたのである。

ラワン・セウは一九〇七年に竣工したコロニアル風の三階建ての白い建物で、元々はオランダ領時代の鉄道会社の本社ビルとして使われていた。しかし、第二次世界大戦中は日本軍の本部となっており、ここで多くの処刑が実施されたことから心霊スポットとしても有名である。ラワン・セウとは「千枚の扉」という意味である。廊下の端に立つと、白壁の廊下の両側にはたくさんの小さな部屋があり、それぞれの部屋の扉から光が差し込み、神秘的な雰囲気を醸し出している。中央部にある階段ホールはドーム型の天井で、窓は美しいステンドグラスが施され、上るとミシッ、ミシッと音のする木製の階段と相まってこの建物が持つ歴史を感じる。

中華街は日曜日なので閉まっている店舗が多いが、スラバヤのチャイナ・タウンよりも規模が大きく、中国料理店もあり、中国色が強い気がする。近くにタイ・コック・シーという中国寺院があるようなので、寄ってみた。一七四六年に建てられた道教の寺院で、赤を基調としながらこぢんまりとして小綺麗な寺院であった。しばらく佇んでいると、次から次へと参拝者がやってくる。タイ・コック・シーは、漢字では「大覚寺」となる。

静かな日曜日の中華街から旧市街まで歩いてきて、Spiegel Bar & Bistroでやや遅めの昼食を取った。建物の内部は、天井が高く、白壁とレンガの内装にゆったりとテーブルが配置され、静かで心地良い。

タワン駅の窓口でバウチャーを切符に交換してから、待合室に入り、「アルゴ・ブロモ・アングレック」の到着を待った。スマランのタワン駅は一八六八年に開業したインドネシア最古の主要駅である。駅舎はコロニアル風で、高い天井からシャンデリアが吊り下がり、壁面にはオランダの植民地の下、インドネシア人労働者により建設された当時の鉄道のレリーフが飾られていて、重い雰囲気である。

出発時間を少し過ぎた時、列車の遅れと乗車ホームの変更の放送があった。三十分遅れの十五時三十五分に出発した「アルゴ」はアメリカ製大出力のディーゼル機関車に牽引され、ぐんぐんスピードを上げ、中部ジャワの稲作地帯を静かに疾走する。しばらくすると、空が異様に暗くなってきて、チャコールグレーの空に稲妻が光り、雷鳴が車内まで届き、大粒の雨が激しく窓にたたきつけられた。強烈なスコールがしばらく続いたが、それでもアルゴは速度を落とすことなく、豪雨の中をスラバヤに向けてノンストップで走り続け、そのまま定刻に三十分遅れの十九時に終着駅であるスラバヤのパサール・トゥリ駅にゆっくりと入っていった。

初めての神々の島

あちこちにヒンドゥー寺院があり、家の前にはチャナンと呼ばれる赤、白、黄、紫の花で作られた供え物が置かれている。ペンジョールというココナッツの葉で飾られた竹が掲げられ、ヒンドゥーの衣装をまとった人が歩いている。街の風景は同じインドネシアでもバリとジャワではずいぶん異なる。

ジャワがイスラム化していく過程でマジャパヒトの王族やヒンドゥーの高僧がバリ島に

移住し、ジャワのヒンドゥー教がバリ古代からある精霊信仰と結びつき、独自のバリ・ヒンドゥー教が生まれた。バリ島では人口三百九十万人の九割がヒンドゥー教徒である。

二〇一三年四月、スラバヤに住んで7か月目、妻がスラバヤに一週間ほど滞在して日本に帰る前に、一泊で一緒にバリを回った。初日は同じ会社のジャカルタにいる日本人から紹介されたタクシーの運転手、ユリ（仮名）に案内をお願いした。デンパサールのングラ・ライ空港に出迎えに来てもらい、定番の観光スポットであるクタの海岸、タナロット寺院を見学したあと、ネットで予約したウブドのモンキー・フォレスト通りにあるコテージまで送ってもらった。

部屋の前には小さなプールがあり、プールサイドにはビーチチェアが置かれている。プールの塀の向こうは鬱蒼とした熱帯樹林の森になっていて、野鳥の鳴き声が聞こえてくる。コテージで一服してから、妻と夕方のウブドの街へ出かけた。洒落たブティックや民族衣装の店、洗練されたレストランやカフェ、工芸品店や画廊が雑然としたバリの古い街並みに溶け込み、独特の景観をつくっている。

道端でワヤンクリッというバリの伝統的な影絵芝居の案内をしていた。勧められるまま当日のチケットを購入し、夕食後、妻と会場に赴いた。入り口には日本語であらすじが書かれたパンフレットが置いてあったので、ストーリーを理解でき、十分楽しめた。最後にこの影絵の劇が全て一人で行われていたことを紹介され、驚嘆した。

翌日もユリに観光案内をお願いした。ウブド郊外の野外劇場でややドタバタ劇風のバロン・ダンスを見学したあと、森に囲まれたティルタ・ウンプル寺院を訪れた。泉が湧き出ている無色透明な池があり、その水が引かれた沐浴場では多くの人が沐浴し、境内を女性が頭に籠を乗せしなやかに歩いている。

キンタマーニ高原は空気がひんやりとしていて、清々しい。ここから望む雄大なバトゥール山とその麓に広がるバトゥール湖の景色はまるでヨーロッパの山岳地帯のようである。テガラランの急斜面に造られた棚田にも立ち寄った。曲線を描く水田の周りは高さが十メートルほどもあるヤシの林になっていて絵画のようである。

バリのほんの一部を見ただけであったが、すっかりバリの虜になってしまった。ここでは景色全体が芸術である。その日はングラ・ライ空港に戻って、妻と空港で一緒に食事をしたあと、日本に帰る妻と別れて、ガルーダの最終便でスラバヤに向かった。

予定外のバリ観光

二〇一六年七月、レバラン休暇を利用し、妻とバリのングラ・ライ空港で待ち合わせ、クタで一泊したあと、翌朝十時発の飛行機でオーストラリアのパースに行き、そのあと、ジョグ・ジャカルタに行く計画を立てていた。すでにネットでバリ、パース間の航空券を購入し、パースのホテルも予約済みである。私はスラバヤを朝一番のフライトでングラ・ライ空港に到着し、妻の日本からの到着を待っていた。

ングラ・ライ空港で妻を待っている間、『地球の歩き方　オーストラリア』を読んでいて、全身から血の気が引いた。オーストラリアの入国にはビザが必要と書いてある。しかし、これまで海外旅行でビザを要求されたことがなかったので、ビザのことなど考えも及ばず、取得していない。『地球の歩き方』によると電子申請は短時間でビザ取得可能と書いてあったが、今日は土曜日なので、申請しても当日中にビザの取得は無理であろう。

バリのオーストラリア領事館に電話したが、「営業は月曜日から金曜日までです。営業日に再度かけ直してください」とのメッセージが流れ、「お急ぎの方は次の電話番号におかけください」というメッセージはない。タクシーで直接、領事館に行こうかと思ったが、門が閉まっていて誰もいなければ、行っても意味がない。むしろ、その可能性が高い。出発ロビーの入り口の係員に事情を説明し、中に入れてもらい、搭乗予定の航空会社のカウンターでビザがなくても入国できないか尋ねた。答えは予想通り、「ノー」であった。

完全に私の慢心であった。日本は優遇されているが、海外旅行では、観光でも原則としてビザが必要であるということが私の意識からすっかり抜け落ちていた。

オーストラリア行きは断念せざるを得ない。再び、外に出て妻の到着を待っていると、妻から電話があり、搭乗した飛行機のバリ行きの便は機材の不具合があり、クアラルンプールに引き返し、現在、点検中であるとのことであった。妻はオーストラリア行きを楽しみにしていると思うと、その時、オーストラリア行きは中止になったとは、とても言えなかった。

バリ伝統文化を守るトゥンガナンの集落

空港内の喫茶店に入って本を読んだが、頭に入らない。何度も到着情報の電光掲示板を見て妻の到着を待ったが、時間が経つのが異常に遅い。結局、昼前に到着予定だった妻は夕方遅くになって、到着口から出てきた。

妻に「お疲れ様」と言ったあと、状況を説明し陳謝した。あとでオーストラリア入国時にビザの手続きができることがわかったが、その時は知るすべもなかった。

翌日、ユリにクタのホテルまで迎えに来てもらい、気を取り直して先ずはバリの東部にあるトゥンガナンという集落を訪れた。緩やかな山の南斜面に造られた南北五百メートル、東西二百五十メートルの石壁で囲まれた長方形の敷地に、七百人ほどのバリの先住民であるバリ・アガがその伝統文化や戒律、バリ初期のヒンドゥー教を守って暮らしている。この村の女性は今でも村外出身の男性と結婚できない。

集落の入り口の受付に行くと日本語で話しかけてくる男性がいた。どこで習ったのか訊いてみたら、三年間ほど神奈川の工場で働いていたとのことであった。おそらく技能実習生として日本で仕事をしていたのであろう。

トゥンガナンの中に入ると、真っ青な空と緑の山を背景に、静かで整然とした美しい街並みが広がる。二本の石畳の大通りが南北を貫き、大通りに挟まれた中央部分には、屋根は茅葺で壁がなく吹き抜けになった集会場や市場、闘鶏場など共用の建物が配置されている。大通りの両側には茅葺屋根に土壁の建物が並んでいる。それらの建物は、一般の住宅以外に、イカットを織って販売している工房、民芸品、絵画などを販売している店舗となっている。そして、この集落の北の一番奥には小学校と沐浴場がある。

どの店も入り口の幅は一メートルほどしかないが、中に入ると奥行きがあり、驚くほど広い。また、建物の裏には小さな畑や共同の広場になっている。ここで生産されているイカットは、縦糸と横糸の両方を模様に合わせて染色して、それらをぴたっと併せて織るグリンシンと呼ばれる織り方で、一枚織るのに一年以上かかるとのことである。この村では儀式の時必ずグリンシンを身に着けることになっているという。

入り口近くに二つの寺院があるが、バリでよく見かけるヒンドゥー寺院のような割れ門もなく、茅葺の神殿と石壇があるだけの簡素な寺院である。

この村の人々は、昔からの慣習に従って、生活をしている。自らを刻々と加速する外部の時間の流れに合わせることなく、自分が主体の生活を送っているように思える。

水に浮かぶ宮殿、スマラプラ王宮跡を見学したあと、昨日、急遽予約したウブドのモンキー・フォレスト通りにあるコテージまでユリに送ってもらった。

今回はクロッド集会場で行われているバリ舞踊を見に行った。そこでは、戦士の舞踊、王朝時代から続くバリ古典舞踊「レゴン」や二十世紀以降に創作された舞踊が上演されていた。きらびやかな衣装をまとったダンサーが、ビートの効いたリズミカルなバリのガムランに合わせてしなやかに、しかもきびきびと動く様子はなかなかエキサイティングで、見入ってしまった。

二日目、プリ・ルキサン美術館を訪れた。この美術館には、バリ独自の画風と西洋絵画とが融合された、主に一九三〇年代以降の絵画が展示されている。作品は南国風の力強い絵画から繊細で美しい絵画まで、また、ヒンドゥーの叙事詩を題材にしたものから庶民の生活を題材にしたものまで実に幅広く多彩で、おもしろい。ウブドにはこの他にもいくつかの美術館やギャラリーがあり、芸術を堪能できる。

プリ・ルキサン美術館を出て、蓮のある大きな池の横を北に進み、民芸品店、マッサージ店などが並ぶ商店街を抜けると、鬱蒼とした木々に覆われた大きな坂がある。鳥の声を耳にしながらその坂を上がると、突然、視界が開ける。目の前には水を張った水田が広がり、ところどころ、バリ・ヒンドゥーの白いパユング（傘）が立ち、その向こうにヤシの林が見える。初めて見る景色であるが、なぜか懐かしい気がする。

のどかなバリの田園風景を見ながら散歩していると、道端でおばあさんが「カフェで飲みものはいかがですか」とインドネシア語で声をかけてきた。田園風景を見ながらの一休みも良いかと思い、妻と案内される方向に歩いていくと、田んぼの真中に茅葺の一坪ほどの小屋がある。まさかと思ったが、どうやらそれが「カフェ」らしい。ココナッツジュースをいただいたが、このおばあさん、なかなか商売上手で、我々と一緒に写真に写ったり、「奥さんを大事にしなきゃいかん」など世間話をしたりしながら、いろいろなものを勧めてくる。我々もいつの間にかシナモン・スティックを買っていた。

三日目、ウブドからサヌール経由でジンバランのパサール・イカン（魚市場）に行った。トタン屋根のバラックのような造りの建物の中に入ると、中は暗く、もわっとした生臭い匂いが立ち込めている。氷が浮かんだ浅いプラスチックの番重に朝捕れたばかりの魚介類が並んでいる。その中から私は鯛のような魚、妻は大海老を選び、魚市場の周りにある食堂の一軒に持ち込んで、丸ごと一匹炭火で焼いてもらった。それにご飯、野菜、サンバルを付けてもらい、一人四百円ほどであった。獲れたばかりの新鮮な魚は臭みがなく、ほんのりとした炭火の香りを感じながら、久しぶりに香辛料の少ない素朴な味を楽しんだ。

ジンバランの海岸は白い砂浜と真っ青な海が延々と広がっている。のんびりとした、ひなびた漁村の風景とひっきりなしにングラ・ライ国際空港に発着する旅客機とのコントラストがおもしろい。

花の島フローレス

雨漏りがして風がひゅーと吹き抜ける茅葺屋根の教室で、子供たちが地べたに座って一生懸命勉強している。インドネシア大学に留学していた時、ＢＩＰＡⅡのリスニングの授業で見た、ヌサ・トゥンガラ諸島のある小学校のドキュメンタリーのワンシーンが脳裏に焼き付いていた。

『地球の歩き方』のヌサ・トゥンガラ諸島を見ていると「フローレス島」というのが気になった。「フローレス」とはスペイン語やポルトガル語で「花」の意味であり、島民の八十五パーセントがカトリック教徒で教育水準も高いと書かれている。豊かではないが花がたくさん咲いていて風光明媚な島というイメージを抱き、さらに詳しく知りたいと思いグーグルで検索していると、フローレス島の山の中にあるルーテンという町に住む日本人女性のブログを発見した。彼女は現地の方と結婚してルーテンでゲストハウスを経営している らしい。

二〇一五年四月初旬、フローレス島に行くことにし、妻にはその一週間前からスラバヤに来てもらった。フローレス島の日本人女性はまみーさんという方で、早速、メールで彼女の経営するMJRチケッティン・ゲストハウスの予約と空港からゲストハウスのあるルーテンへの行き方を教えてもらった。

四月二日、バリのングラ・ライ国際空港からガルーダのプロペラ双発機、ATR72に搭乗した。インドネシアはまだ雨季であるにもかかわらず、快晴で空は抜けるように青い。理由はわからないが、なんと搭乗客のほぼ八割が西欧人である。

約一時間半のフライトでフローレス島のラブアンバジョーに到着した。空港は真新しく斬新なデザインであるが、空港にはタクシーやバスの案内カウンターがないうえ、タクシーも止まっていない。トラベルという小型バスでルーテンまで行きたいと思っていたので、空港の外でたむろしていた人に、トラベルはどこで申し込めば良いか尋ねた。すると、ここで少し待っていろと言われ、まもなくして迎えの車が来たので妻と二人で乗った。少し走ると、ここでルーテン行きの車に乗り換えてくれと言われ、道の真ん中で降ろされた。そこには数人の男が携帯電話を片手に集まっている。しばらく待っていると別の車がやってきたが、小型バスではなく七人乗りのミニバンである。いったんスーツケースを積み込み乗り込んだところ、これからルーテンに行く他の客を探してくるのでここで待つように言われ、降ろされた。

ミニバンはスーツケースを積んだままどこかへ行ってしまい、なかなか戻ってこない。あまりに遅いので、預けた荷物も心配になってきた。いつ戻ってくるのか尋ねても、客が見つかってからだからわからないという。他のメンバーに指示しているボスらしき人にタクシーと同じ料金を払うのですぐに出発したいと言って、ルーテンまでの価格を交渉した。ボスが携帯電話で戻ってくるように指示していたが、三十分待っても戻ってこない。それから二十分ほど経って漸く車は戻ってきたが、どっと疲れが出た。ボスに「疑って申し訳ない」と謝ったら、「ジャワと違ってフローレスには悪い人がいないから心配無用」と言われた。

ようやくミニバンはラブアンバジョーを出発し、途中で一人の男性をピック・アップして、フローレス島の山の中をひたすら走った。「地球の歩き方」には四~五時間かかると書かれていたが、薄暗くなり始めた午後六時過ぎ、ルーテンの市内に入った。

ゲストハウスに到着すると、まみーさんが笑顔で出迎えてくれた。ところが、彼女は妊娠中で、つわりで大変そうであった。それでも日本語で丁寧にゲストハウスのガイダンスをしてくださり、安心して宿泊することができた。部屋は当時二室だけであったが、どちらも内装はインドネシア風で簡素であるものの、さすが、日本人の経営、清掃も行き届きこぎれいで、インテリアもセンスが良い。

まみーさんは体調がすぐれないのに、我々の話し相手をしてくださり、また、ご主人や子供さんともインドネシア語でお話しができ、ゲストハウスならではのフレンドリーな雰囲気を存分に楽しむことができた。それにしても、まみーさんのご実家が我々の住まいと同じ県内で、車で一時間ほどのところだと聞いてびっくりした。

ルーテンは標高約千二百メートルにあるマンガライ県の県庁所在地で、周りを山に囲まれた人口は約四万人の小さな町である。あいにく朝からどんよりと曇っており、道路のあちこちに水たまりができて、周りの山にも霞がかかっている。さすがに高原の町だけあってひんやりして、赤道直下と思えないほど涼しい。時折、大通りを走るバイクの音が聞こえてくる。暑くて騒々しいジャカルタやスラバヤとはまるで別の国のようである。

朝、八時半にレンタカーの運転手が我々を迎えに来た。最初に向かったのは、テンクレセという大きな滝である。車はルーテンからどんどん山道に入って悪路をゆっくりと走る。途中で、これ以上車で行くのは無理と言われ、そこから歩いていくことになった。

滝までは歩いて一時間あまりとのこと。ただ、一本道ではないので、途中何度もいろんな人に尋ねながら行かなければならないと言われた。また、車を降りた場所の近くには人家はなく、地名らしきものもなさそうなので、迷ってもその場所を人に尋ねることができない。帰り路の目印、特に曲がり角の景色を正確に覚えていなければ、車を降りた場所に戻ってこられない。

途中、何軒か民家があり、子供たちが「ハロー」とか「どこから来たの?」と英語で声をかけてくる。道路の真ん中に牛がつながれていたり、大きな鳥かごのような檻のなかに豚が一匹だけ入っていたりという珍しい光景に遭遇する。

すでに一時間歩いているのに滝らしきものは見えない。さらに坂をどんどん下っていくと小学校低学年くらいの子供が四人遊んでいたので、インドネシア語で「テンクレセはどこか」と訊いたところ、「今からそこへ行くので一緒に行こう」と言って案内してくれた。しばらく歩いていくと、小さな集落の中にある水路で、突然、子供たちが遊び始めた。「テンクレセはここか？」と尋ねたら「そうだ」と言う。歩いてきた方向を振り返ると、はるか彼方に二段になっている滝が見える。どうも道の尋ね方を間違えた気がする。「滝」というインドネシア語が思い浮かばず、「テンクレセ」と言ったので、「テンクレセ」の集落を案内されたような気がする。

青空が白い雲に覆われてきた。雨季なのでいつスコールがやってくるかわからない。時々、湿った風が吹き、太陽が雲に遮られて暗くなる。車を降りてずいぶん遠くまで歩いてきたので、スコールに遭う前に車に戻ることができるか不安になってきた。交差点では来た道を確認しながら、慎重に戻った。

テンクレセの滝を見ることはできなかったが、のんびりとのどかな村を散策し、地元の人たちと会話することができ、楽しかった。それにしても、ほとんど外国人が来ないような地方でありながら子供たちが普段家族や友達と話しているマンガライ語以外にインドネシア語や片言の英語も話すのには驚いた。

次に向かったのが、まみーさんがお薦めの、チャンチャールという村にあるリンコという蜘蛛の巣のような形をした田んぼである。車を降りて少し坂を上ると、民家が数軒あり、二人のかわいい女の子がどこからか出てきた。「蜘蛛の巣のような田んぼはどこか」と訊くと、「こっちだよ」と言って案内してくれた。さらに坂を十分ほど上って丘の頂上に着くと、周りを山に囲まれた眼下に鮮やかなイエローグリーンの田んぼの中心から放射状にあぜ道が広がり、そのあぜ道同士が何本もの直線で横に結ばれている。まさに巨大な蜘蛛の巣のような形でじっと見ていると中心に吸い寄せられるような気がする。

BS放送でこの田んぼについて取り上げられていたが、この不思議な多角形の田は毎年、この地区の十八戸で話し合い、土地の境界を決めているとのことである。そして、世界は神や祖先の霊を中心に人々が等距離に連なって出来上がるというマンガライ族の考え方が根底にあるようである。

案内してくれた女の子は当時小学校二年生とその妹だと言い、我々が見終わるまで近くの草むらにしゃがみこんでじっと待っていた。帰りに彼女たちに案内してくれたお礼を渡し、管理事務所に立ち寄って寄付をして帰った。この蜘蛛の巣状の田んぼを見るだけでもルーテンに来る価値はある。


我々を乗せた車はどんどん山奥に入っていき、フローレス原人が発掘されたリアン・ブアという洞穴住居の管理事務所の前で停まった。運転手が事務所の中に入ると、中年の男性が鍵を持って出てきて、洞窟の前の扉を開けてくれた。二〇〇三年オーストラリアとインドネシアの合同研究チームがこの洞窟で人骨を発見したとのことである。

フローレス原人は成人でも身長が一メートルほどで、五万年前ごろまで生存していたと考えられている。どうしてこのような小さな体になったのか、また、どうして絶滅したかは謎とのことである。この洞窟では大きな鼠の骨も多数発掘されており、フローレス原人との関係も現在研究が進められている。我々もこの神秘に満ちた洞穴住居に入って、薄暗い洞窟の中から外の山の景色を眺め、しばしフローレス原人の気分を想像してみた。

その日最後に訪れたのはチョンパン・ルーテン村という伝統家屋の集落である。そこに着いたのは夕方五時を過ぎ、すでに薄暗くなってきたうえ、あいにく小雨が降りだしてきた。集落の中心にある広場には墓石が並んでいて、それを取り囲むように家が建っている。ほとんどの家は板壁にトタン屋根のフローレスに多い造りであるが、奥の二軒だけは茅葺の円錐形の屋根で、この地区の伝統家屋のようである。蕭々《しょうしょう》と雨が降る中、向かって左側にある一軒の民家で上半身裸の老人が玄関に立ち、暗くなってゆく外の景色をじっと眺めていた。

四月四日、お世話になったMJRチケッティン・ゲストハウスを後にして、まみーさんに予約してもらった十時発のバスでラブアンバジョーに向かった。バスは宿泊予定のホテルの前まで行ってくれ、そこで降ろしてもらった。しばらく休憩したあと、翌日のツアーを予約するため、妻とラブアンバジョーの中心街まで出かけた。

幹線道路のスカルノ・ハッタ通りは舗装も雑で歩道はなく、道端にはゴミが散らかり、典型的なインドネシアの街の風景である。通りの両側に旅行代理店、土産物店、ダイビングショップ、カフェ、日用品店が建ち並んでいるが、ところどころ洗練されたヨーロッパ風の店があり、歩いている人も西欧人が多く、西欧とインドネシアが混在している。

数多く建ち並んでいる旅行代理店の中の一軒に入り、船でラブアンバジョーから三十分ほど行ったところにあるエンジェルアイランド、別名ピンクビーチへのツアーを申し込み、前金を支払った。明日の朝、ホテルに二人を迎えに来るという。

ラブアンバジョーは、近い将来アメリカ西海岸かオーストラリアのような整然とした明るい南国の街並みになるような予感がする。

エンジン付きのボートに乗って沖に出ていくと、海がどんどん濃い青になり、三十分ほどでエンジェルアイランドに到着した。木陰に座り、何も考えず淡いピンクの砂浜とディープブルーの海を眺める。穏やかな風が体温を適度に冷ましてくれ、心地良い。ふと後ろを振り向くと、小高い丘があったので上ってみると反対側にも美しい海がある。そこへ降りていこうとしたら右手にあるロッジ風の建物から人が出てきてこちらに降りてきては駄目だと言う。どうやらホテルのプライベート・ビーチのようである。このような砂浜

珊瑚礁が広がるエンジェルアイランドのピンクビーチ

と海しかないホテルで、予定のない時間を過ごすのは最高の贅沢であろう。
二〇一八年六月、妻と訪れたフローレス島ルーテンのゲストハウスのオーナー、まみーさんから一時帰国すると連絡があり、まみーさんの実家に妻と一緒にお伺いした。帰省中のまみーさんとご主人、息子さんたちに再会し、フローレス島を訪問した時にはお腹の中にいた娘さんにも初めて会うことができた。フローレスに行った時の話をしながら、はるか離れた場所の夢のような思い出話が同じ人と自宅の近くで行われているなんてなんだか不思議な気がした。

二〇二二年にまみーさんが帰国された時、七歳になった娘さんとお会いすることができた。インドネシアの生活のこと、教育のことなど話は尽きなかったが、なんだか、地球も狭いものだと感じた。

土の匂いがするロンボク

二〇一六年十二月、四年半勤務した印刷会社の最終勤務を終え、日本に帰国する前に、七月に行き損ねたオーストラリア、パースに妻と旅をした。そのあと、バリのジンバランに一泊して、ロンボク島マタラムに向かった。ロンボク島はバリ島の九割程度の面積を持ち、人口は三百万人弱で、その九割が九世紀から十一世紀に東ロンボクに移住してきたインド・ビルマ系のササッ人である。また、島民の大半がイスラム教徒で、風景はバリよりもジャワに近い印象を受けた。

予約したレンタカーでマタラムから観光をしながら、次の宿泊地、クタに向かった。マタラムの南東二十キロにあるスカララの機織り工房を訪問した。工房では女性がソンケットを織っていて、それらが工房内の店で販売されている。そこで生産されているソンケットは金や銀の糸が使われた幾何学模様で、華やかで美しい。工房の裏には、ササッ人の高床式の米倉や住まいがあり、ガイドがそれらを案内してくれたが、米を鼠から守る工夫など実におもしろい。

そのあと、サデという村を訪れた。この村ではササッ人がヒンドゥー教、イスラム教、アニミズムの混ざった独自の宗教を信仰して暮らしており、見学する際は案内人と一緒に回らなければならず、一通り案内してもらったあとで一万ルピア（約八十円）を寄進することになっている。

曲がりくねった狭い路地の両側に、屋根が茅葺で、竹を編んだ壁の家並みが続く。ガイドによると、これらの家は釘などの金属を使わずに建てられ、床は水牛の糞を土に混ぜて作られているとのことである。狭い路地では子供が遊び、鶏が走り回り、老婆が道端で機を織り、若い女性が家の前で民芸品を売っている。家の裏には太った牛や山羊がいる。昔、このような風景を夢で見たことがあるような気がした。

インドネシアで最も美しいビーチと言われるタンジュン・アンに到着した。あいにく、曇っていたが、波は静かで、白い砂浜が弓状に延々と続いている。砂浜を歩き始めた途端、風が強くなり、海の上の黒い雲がこちらに迫ってきて、あっという間に暗くなってきた。間もなく大粒の雨がぽつぽつと降りだした。突然、鉛色の空から海の上に閃光が走り、雷鳴がとどろき、雨が滝のように落ちてきた。私と妻は茅葺の小屋の下で雨宿りをして、激しい雷と猛烈なスコールの様子を見ながら雨が止むのを待っていた。しかし、一向に激しい雨は止む気配がなく、雨漏りが激しくなってくる。駐車場まで走って、車に乗り込み宿泊予定のクタのコテージに向かった。

コテージに到着後、しばらくしてスコールが上がったので夕暮れのクタの街に食事に出かけた。湿気を含んだ涼しい風が心地良いが、道路にはあちこちに大きな水たまりができ、ぬかるんでいる。

翌朝、コテージの近くを歩いていると、道路沿いの掘立小屋や道端では、竹で編んだ日除け帽やジルバブを被ったおばさんたちが地べたに座り込んで、獲れたばかりの魚を売っている。海岸近くのカフェのテラス席に座ると、横の草むらには牛が木につながれ、静かに周りの草を食んでいる。その向こうには穏やかな海が見える。

クタの海岸に行くと、白いさらさらの砂浜が広がり、海水は透明で美しい。パラソルの下でジルバブを被った女性たちが、ヤシのジュースを飲みながら談笑し、岩場では男が一人釣りをして、のんびりした心地良い風が吹いている。

ロンボク島のクタは、まだ観光地化されておらず、垢抜けない、土の匂いがするインドネシアの原風景に出会うことができる。

インドネシアを旅して

インドネシア滞在中には、この他にも、ボゴール、マラン、スラカルタ、ディエン高原、さらにはベトナムのホーチミン、タイのバンコク、オーストラリアのパースまで足を延ばした。今、振り返ってもずいぶん旅行に出かけたと思う。

ボゴールは海抜二百六十メートルで、ジャカルタの避暑地となっていて、大植物園がある。ボゴール植物園は、ジャワ島がイギリスからオランダの所管に戻った一八一七年に開園され、現在は八十七ヘクタールの広大な庭園に世界各地から一万五千種類もの植物が集められている。園内は、まるでヨーロッパの庭園のように美しく整備され、インドネシアにいることを忘れさせてくれる。

マランは二〇一四年十一月、スラバヤから初めて鉄道に乗って訪れた。標高四百五十メートルの高原都市で、オランダ植民地時代はヨーロッパ人の観光地として発展し、現在、人口は約九十万人でスラバヤに次ぐ東ジャワ州第二の都市である。静かで、景観が美しい街であった。

二〇一六年五月に訪れたスラカルタはソロとも呼ばれ、ジョグ・ジャカルタと同じく王宮のある古都であるが、ジョグ・ジャカルタのようなきらびやかさはなく、地味で落ち着いた街である。郊外にあるチュト寺院、スクー寺院は十五世紀、イスラム教が普及し始めたマジャパヒト王国の末期に建造されたが、この地では古くからあった自然信仰とヒンドゥー教が結びついたものが信仰されていた。境内には神や人間、ゾウ、牛、亀、猿などのレリーフや石像があちこちにあるが、それに混ざって見たことのない不思議な動物の像などがあり、難解な抽象芸術を見ているようである。また、米をココナッツミルク、サラムの葉、レモングラスで炊き込んだナシ・リウェッという美味しいご飯やスラビという伝統菓子にも出会えた。

二〇一六年八月、海抜二千メートルを超えるディエン高原に点在するアルジュナ寺院群を訪れた。八世紀ごろ、この辺りに多くのヒンドゥー僧侶が住まい、四百もの石造りの寺院が建てられたという。いくつかの寺院はすでに修復されているが、現在修復作業が行われている寺院もある。どの寺院もプランバナンで見た塔に比べるとずいぶん小さいが、真っ青な空を背景に、あちこちから湯気の上がっている緩やかな段々畑に囲まれ、静かでのどかな、そして神聖な雰囲気を味わうことができる。

第六章　海外転職を成功させるために

海外転職という選択肢

日本では多くの企業で終身雇用制度は崩壊している。大企業といえども経営破綻することがあり、倒産しなくても業績不振を理由に、あるいは組織の若返りを図るという目的で、中高年を対象とした早期退職制度を導入している企業は多く、退職を勧告することもある。

年功序列もほんの一握りの企業を除いて、過去のものとなった。管理職登用の若年化を図るなど幹部候補の選別時期が早まってきており、若くして、ある程度、自分の将来が見えてしまう。かつて指導した部下に命令されたり、評価されたりするのは普通になりつつある。また、管理職への登用に年齢制限を設けている企業もあり、そのような企業では力はありながら運が悪くその年齢までに管理職になれなかった人は、その後いくら努力して業績を上げても管理職にはなれない。さらに、大企業では役職定年を設けているところが多く、一定の年齢になれば、能力の有無に係わらず、今までの権限がなくなってしまい一担当者として働かざるを得ず、収入が大幅に少なくなる場合もある。

一方で年金の受給開始年齢は引き上げられ、生涯受給額は減少する。希望すれば定年後も六十五歳まで再雇用され勤務できるようになったが、たいてい権限のない補助的な業務で、給料が大幅に減少する。多くのサラリーマンにとって不本意な働き方を強いられる機会が増え、その期間も長くなってきている。

このようなサラリーマン受難といえる環境下で、人生をより充実させ、楽しむ方法の一つとして海外転職という選択肢がある。これまでの経験を活かし、海外という新しい環境下で新鮮な気持ちになって働き、生活することにより、多くの人やこれまでと異なる文化に出会い、ゴルフなどのスポーツや旅行を通して人生を楽しみ、自分の視野や考え方を広げることができる。海外勤務の経験を活かしてさらなるキャリアアップの可能性も開ける。

充実した人生を送りたいのであれば、ぜひ、海外転職にチャレンジすることを検討してほしい。私自身、思い切って早期退職、海外留学、海外転職をしたことで、悪戦苦闘しながらも感動の日々を送ることができ、人生の中でも最も充実し、楽しい時を過ごすことができた。

私が海外転職に挑戦した二〇一一年に比べると、海外に進出している日系企業はずいぶん増え、海外就職に関する情報はずいぶん取得しやすい環境になってきているように思う。日系企業は採用する際、コミュニケーション能力を最も重視する企業が多い。気力と体力があり、その国で使われる語学を含めたコミュニケーション能力としっかりとした専門性があれば六十歳を過ぎても挑戦は可能である。特に、経済成長が著しいインドではその可能性が高い。

海外転職をするには

海外転職の方法としては、主に次の方法がある。

（一）日本で海外要員を募集している会社に応募する。
（二）実際に海外に行って、現地で応募する。
（三）語学留学をしながら、現地で就職活動を行う。
（四）海外インターンシップを利用する。

私は、（三）を選択した。最近は、語学だけなら日本にいながらリモートで勉強することもできるが、留学すると、現地の生活を楽しみながらその国の人の考え方や文化を肌で理解することができる。また、同じ英語でもシンガポールやインドの英語は癖があり、いくら正しい英語を勉強しても、現地でしばらく生活して慣れないと聴き取れない。私の場合、海外で生活した経験がなかったので、インドネシアに留学したことは貴重な経験となった。

いずれにしても、初めて海外転職を行う場合は、先ず、留学や海外キャリアの支援を行っているコンサルティング会社に相談したり、登録したりすることをお勧めする。また、ビジネスパーソンの転職向けのSNSに登録するのも効果がある。

書類選考では履歴書や職務経歴書のサマリーでいかに採用担当者を引きつけ、詳細を読みたいと思わせるか、そして会って話を聞いてみたいと思わせるかがポイントであるが、これらは専門家に見てもらわないと、どうしても独りよがりになりがちである。また、私の場合は余裕がなかったが、可能であれば、留学中に現地の日本人クラブの活動にしばしば顔を出して、多くの駐在員と知り合いになれば、求人情報を得ることができるかもしれない。

面接では次のような質問についてあらかじめ答えを準備しておいた方がよい。私も面接で実際に訊かれた。

（一）自己紹介

（二）専門力など自分の強み

（三）志望動機　この国を選んだ理由
（四）職務経歴書に書かれている成果について考えられる要因
（五）質問事項

インドネシアでは、就労ビザの要件は、原則、大卒で、六十歳未満となっているが、募集要件を満たしていれば、就労が可能な場合が多い。実際、六十歳を過ぎても現地では需要は確実にあり、情報収集力とタイミングが決め手である。私がインドネシアに勤務中も、同じ工業団地の取引先から日本人を現地採用したいが、知っている人がいないかという問い合わせがあった。

インドの場合は、経済成長が著しく進出企業が急増しているにもかかわらず、希望者が少ないため売り手市場である。そのうえ、就労ビザの要件は緩く、アジアの多くの国で求められている大卒という学歴、年齢とも不問であり、七十代でも現地で活躍している日本人もいる。しかも、英語が準公用語となっている。

日系企業に対する営業であれば、たとえ下手でもゴルフができると有利になる場合が多く、私も面接でゴルフができるか否か訊かれた。私自身、法人対象の営業職は声をかけやすく断りにくいことがポイントであると思っているが、そのような人間関係を築くうえでゴルフは非常に有効な手段である。

海外における勤務形態

海外勤務の形態はおよそ次の四パターンが考えられる。

（一）日系企業の現地採用社員として勤務する方法である。この場合たいてい一年ごとの契約更新となり、採用は現地法人の責任者が行う。原則として他国への異動や本社勤務はないが、成果を上げれば本社の正社員に登用されて昇進の道を歩むことも可能である。ただし、現地採用の社員の場合、待遇は本社採用の駐在員に比べると劣る。

（二）日本の本社で採用され、駐在員として現地に派遣されるケースである。待遇は現地採用の社員より良く、日本に戻ることもあり、昇進のチャンスにも恵まれている。しかし、採用する側のリスクが高いので、多くは本社の人事部門が決定する場合が多い。求人数も少なく採用のハードルも高いが、海外経験があれば採用されやすいであろう。インドネシアのゴルフ仲間で六十歳を過ぎてから日本の企業に本社採用された駐在員がいたが、彼は以前、インドネシアでの勤務経験があった。

(三)ローカル企業に日本人として就職するという選択肢もある。ローカル企業が現地の日系企業に営業をかけたい場合、日本人の営業を募集することがある。また、日本の生産技術や生産管理を学びたいという理由で、工場管理者として日本人を募集する場合もある。現地の企業文化を知るうえではおもしろく、将来、現地で起業することを考えているなら、人脈をつくりやすいであろう。しかし、雇用条件など日本の常識は通用せず、コンプライアンスに対する感覚も日本の企業のように優先事項ではない場合があり、それがストレスとなる可能性がある。

(四)その他、特殊なケースとして、日本以外の海外資本の多国籍企業に転職するケースが考えられる。この場合、日本人を雇用するよほど大きなメリットがない限り、わざわざ給料の高い外国人を採用することはないであろう。

私の場合、（一）を選択した。確かに手取り収入は前職の半分以下になったが、それでも自動車一台と運転手を貸与され、プール、ジム付の日本でいうタワーマンションに住むことができ、生活費も安かったので生活に困ることはなかった。

海外転職する場合は現地の人材紹介会社が強い味方になるので、普段から良好な人間関係をつくり、自分を売り込むことが大切である。業務経験はなくても、経験者以上に良い仕事をしている人もいる。実際、インドネシアで、商社の営業マンからメーカーの工場管理に転じて素晴らしい成果を上げている人もいた。

海外勤務で得られること

海外で勤務するメリットは次のように考える。

（一）当然であるが、海外勤務経験というキャリアができる。一度、海外勤務を経験しておけば、本人がどのようなスキルを獲得したかにも依るが、その国に進出しようと考えている企業にとって、貴重な人材になり得る。その結果、将来の転職時には有利になる。

（二）語学力を向上させることができる。やはり、実践的な語学力は現地で生活をして、アウトプット量を増やすことにより飛躍的に向上する。

（三）異なる文化に接することで、視野や考え方が広くなり、一つの事象を様々な視点から見ることができるようになる。このことは仕事だけではなく、その後の人生にとって生き方を考えるうえでもプラスになるであろう。

（四）海外で働くことにより、会社内、取引先の現地の人や日本人の仲間などの人脈ができ、その後の新しい仕事に就く時、あるいは起業をする時に役に立つ。新たに海外拠点を設置する時や海外で起業する場合には、その地域に詳しく、信頼できる現地のパートナーの存在が不可欠である。

（五）海外拠点で働く場合、日本国内よりも大きな権限が与えられ、業務遂行の自由度が高いので仕事がおもしろい。また、結果さえ出せば社内に気を遣うことが少なくなる。

（六）その土地ならではの料理をいろいろな店で試したり、日本のガイドブックに載っていない隠れた観光地を訪れたりすることができ、充実したプライベートライフを送ることができる。私もインドネシア滞在中にずいぶん旅行やゴルフ、街歩きを楽しんだ。

インドネシアで現地法人を設立する場合、払込資本金、投資金額とも百億ルピア（約一億円）以上であれば業種によって外資が認められるが、それ未満の場合は認められない。すなわち、インドネシア人の雇用に大きく貢献する大規模な企業でない場合は現地法人をつくることができない。したがって、インドネシアで起業する場合は、通常、内資法人となるため、会社の所有者はインドネシア人でなければならず、インドネシア人に雇われる形になり、よほど信頼できるパートナーと組まないと、会社ごと乗っ取られる危険性がある。

インドでは現地法人設立の制約は少ないが、税制や諸手続が複雑であるので、進出する際、現地の法制度に詳しい信頼できる弁護士や税理士のサポートが必要である。また、サプライヤーや販売先を見つけるうえでも、文化や習慣、考え方の違いから現地の情報に精通した信頼できるパートナーの存在が不可欠である。多くのインドのビジネスパーソンは日本人以上にハングリーかつアグレッシブで、中には相当押しが強い人やはったりをかけてくる人もいる。また、インドでは弁護士の資格も日本と違って比較的容易に取得できるので、弁護士といっても玉石混交である。

将来、海外で起業を考えているのであれば、海外勤務をしている間に意識してパートナーとなり得る人物を探しておかなければならない。

異文化理解と現地のマネジメント

インドネシアに行く前は、外国人との考え方の差は個人の性格の差、国内の地域差あるいは企業文化の差くらいにしか思っていなかった。ところが、インドネシアで暮らして、さらにスラバヤで実際に働いて、日本人とインドネシア人との考え方の違いの大きさに驚き、異文化について意識するようになった。国によって標準となる考え方やあるべき姿の基準が異なっており、それがその国の文化をつくっている。

海外で仕事をする場合、日本人の価値で判断し、行動すると失敗する。先ずはその国の文化を理解することが最優先課題である。それらを十分理解したうえで、優れた習慣は取り入れ、非効率な習慣は改善していけば良い。

異文化を理解するためには、現地のいろいろな人に考え方を聞き、問いかけに対する反応を注意深く観察するように心がけると良い。また、異文化研究の書籍を読むことを強くお勧めする。

私はインドネシアに住んで、仕事をしてみていくつか文化の違いを感じた。

インドネシアのガイドブックを見ると、インドネシア人の時間に対する感覚は「ゴムの時間」で、時間を守らないと書いてある。実際、三十分以内の遅れはよくあるが、ある日、サプライヤーが朝十時に事務所に来ると言うので、応接室を予約して待っていた。ところが、一時間経っても何の連絡もなく来ない。結局、午前中は来社せず、午後一時になって現れた。当然、私は面談を拒否し、帰ってもらった。

一方で、朝早くタクシーを予約したり、レンタカーやツアーを予約したりすると、必ず、約束した時間より前に来て、準備して待っている。約束した時間を守るメリットを強く感じれば、インドネシア人も時間を守る。時間を守らないというのは彼らにとって守らなくても良い相手であると思われているのかもしれない。時間を守らないと自分に跳ね返ってくることを説明すべきで、それでも繰り返し時間を守らないなら、本質的に約束を守れない人間だと思って取引しない方が良い。

インドネシアでは上司と部下の関係は非常に厳格である。命令されたことに対しては、表面上従い、たとえ無理でも「できません」と言わない。したがって、本音を把握しておかないと、あとで大変なことになる。ホフステードの六次元モデルによるとアジアの中では上司と部下の権力格差は日本が最も少ない。しかし、威張ったり、高圧的な態度をとったりすると、反感を買い、思わぬところで足をすくわれる。また、大声で怒鳴ったり、乱暴な言葉を使ったりすると、特にジャワでは軽蔑される。従業員に対しては、ある程度威厳を保ちつつ、本音を引き出し、丁寧に対応すべきである。

決断はトップダウンなので、ボトムアップで合意のうえ決定される日本より早い。しかし、決定されたことの修正は許され、実際に、政府の方針変更や法律の改変も頻繁に行われている。

短期的な視点で物を見る傾向が強く、目の前の利益に飛びつくことが多い。長期的な利益を考え、信用を重視する日本人からは理解できない場合がある。高速鉄道の受注においては、長年にわたって調査してきた日本を見捨てて中国を選んだのも、長期的な日本との信頼関係よりも目の前に提示された中国の条件を優先した結果であろう。

新規の企画や業務に対しては完璧を求めず、八割ＯＫの見通しであれば先に進め、走りながら不具合があれば修正していく。インドネシアでよく耳にするのが「部分開業」で、できたところからとりあえず進め、問題点を修正していく。マイナンバーなど完璧を確認してから走り出し、少しでも不具合があれば騒ぎ立ててなかなか前に進まない日本と真逆である。日本は世界で最も不確実性を回避する傾向が強い国の一つであるが、ある程度、この考え方を見習わないと世界の変化のスピードについていけず、取り残されてしまうであろう。

異文化の環境におけるコミュニケーションは、誤解が起きず、間違いなく相手に伝わることが最優先である。たとえ、くどくてもミスコミュニケーションの可能性を排除することを意識すべきである。そのため次項で述べるＩＳＯ９００１などで基本的なことは明文化し、共有しておくことが重要である。逆に、契約や約束をする時は、相手のペースにはまらないように気を付けて、あいまいな部分や不明な点は遠慮することなく納得がゆくまで説明してもらわなければならない。

海外における工場管理

一般的に製造業の場合、低コストで生産し、決められた納期に、信頼できる品質の製品を安定して納めることが経営の基本である。さらに、もし、品質や納期で問題が発生した場合にどのような対応を取るかも重要なポイントとなる。これを実現するために、特に文化が異なる海外の製造現場では、国際標準化機構（ＩＳＯ）が発行した品質マネジメントシステムに関する国際規格であるＩＳＯ９００１に則った品質管理システムと５Ｓ活動が有効である。

インドネシア人は、言われたことをその通り実行するのが苦手で、自分で勝手に工夫してしまう傾向がある。ＩＳＯ９００１に則って仕事を行うと業務量は増えるが、ジョブディスクリプションや作業手順を明文化し、従業員にそれを遵守させることにより、安定した品質の製品を供給することが可能になる。異文化の環境では、勘違いやミスコミュニケーションを防ぐうえで、ＩＳＯ９００１は欠かせない。また、ＩＳＯ９００１を取得していると、顧客からの信頼度も高くなり、新規顧客を獲得する際も有利である。さらに環境マネジメントに関する国際規格ＩＳＯ１４００１も取得しておくと、顧客からの信頼はより高まるであろう。

5S、すなわち「整理、整頓、清掃、清潔、躾」の五項目は工場内の安全確保、安定した品質の維持、コストダウンを図るうえで不可欠である。必要なものをすぐに取り出せる状態、床にゴミ一つ落ちていない状況、作業場に不必要なものが一切ない環境を維持するというのは作業の効率化と作業ミスを防ぎ、安定した品質や安全性を確保するうえで不可欠である。

また、工場はショールームという側面を持っている。新しい見込み客や既存のお客様に対して工場見学を通して信頼と安心を得るという観点からも、ゴミ一つ落ちておらず、整理整頓、清掃の行き届いたクリーンな工場の実現は欠かせない。しかし、5Sもチェックポイントを必ず文書化して記録しないと、あいまいになって効果が出ない。

私が勤務していた工場も医薬品メーカー向けの印刷物の供給を継続するうえで、5S活動を一層強化せざるを得なくなり、私が以前勤務していたメーカーの現地法人の元社長で、当時工場経営のコンサルタントをしていた日本人に相談した。すると、彼から彼の元部下で、現在大学で講師をしているインドネシア人を紹介してもらい、工場で5Sについて指導をしてもらうことにした。日本人が説明してそれを通訳しているのでは受講者と講師に距離ができ、他人ごとのようになりがちである。インドネシア人のトレーナーは大正解であった。

その研修に基づき、社内に5S推進のための組織を設け、5Sを重要業務の一つに位置付けた。その結果、5S活動がほぼ日常活動として定着するまでになったが、これを継続していくためには相当なエネルギーが必要なのは言うまでもない。

工場のマネジメントでもう一つ重要なのが、就業規則違反を見逃さないということである。私はよほどのことがない限り、毎日、時間を決めずに生産現場に行き、もし、就業規則に違反した行為を見つけた場合は、叱責したうえで、三回出されると懲戒解雇となるイエローカードを発行した。叱責や処分はその国の文化を考慮して言い方や反応を考えなければならないため面倒で、見て見ぬふりをする方が楽である。しかし、現場の社員はトップの行動をいつも見ているので、工場のトップの行動がその工場の行動基準をつくっていると言っても過言ではない。

外資企業を悩ます風土

インドネシアではスハルト大統領時代に汚職が蔓延していたので、二〇〇二年、ユドヨノ大統領は汚職撲滅委員会を設置し取り締まりを強化した。その結果、汚職は大幅に減ったと言われているが、完全になくなったわけではない。新興国に共通する課題として、汚職への対応がある。

会社の中で汚職や不正に巻き込まれやすいのが、人事・総務、購買、税関、倉庫の各担当者及び守衛である。特に、インドネシアでは人事に外国人が関わることができず、日本人は採用、人事異動、残業許可証等人事に関する書類にさえサインができない。そのため、人事・総務部門はインドネシア人のマネジャーに任せっきりになりがちで、そうなると業者からのリベートや裏金の授受に目が届かない。

裁判の時の弁護士選びも総務のマネジャーに完全に任せてしまってはいけない。弁護士と共謀して、裁判に勝つために裁判官に渡すお金がもっと要ると言って、裁判費用がどんどん増えていくことがある。インドネシアでは原則、裁判は避け、シンガポールなどの外国仲裁あるいはインドネシア国内仲裁の道を探る方が良い。

税関担当も通関手続きで税関職員との癒着があり得る。至急の処理手続きをお願いすると、輸出入管理の担当者から、税関に残業代や休日出勤手当、食事代を要求されたと請求書を回してくる場合があるが、事実関係を確認しなければならない。

産業廃棄物の処理業者も注意が必要である。産業廃棄物の買い取り価格を過少申告するために現場の従業員に金銭を渡し、検査の見逃しを要求してくることがある。工場の責任者が抜き打ちで計量に立ち会ったり、廃棄物の中身を確認したりすることも必要である。

購買部門も業者からバックリベートや接待を受けやすいので、任せっきりにせず支払伝票の単価をこれまでの購入単価と大きく違わないか、ネットでの販売価格と大きく違わないか、細かくチェックしなければならない。疑問に思ったらためらわずに購買担当者を呼び、問い質すことが必要である。

外国人はインドネシアの空港で発行される到着ビザで、商談や会議に参加することができる。製造現場に立ち入るには就労ビザか一時滞在ビザが必要であるが、それらを取得するためには事前の申請が必要で、発行されるまで時間を要する。

工業団地で毎月開催されている日系企業の情報交換会で、「会議に参加するため到着ビザで入国した日本からの出張者が、たまたま生産現場の様子を見ようと思って工場に入ると、そのタイミングを見計らって出入国管理局の職員がやってきて、多額の罰金を要求する」という話をしばしば耳にした。社内の人間が出入国管理局に密告して見返りを受け取っているのではないかと疑ってしまう。

社員に対して「裏金を業者から受け取るということは会社に損害を与え、犯罪である」ということを自覚させるとともに、従業員に対してトップが常に目を光らせていると思わせることが必要である。

プライベートライフを楽しむ

海外勤務になったら、その国でしか楽しめないこと、例えばその国の地理や歴史、文化を調べて街を散策したり、美味しい店を探したり、時には旅行に出かけて異なった文化に触れたりすることをお勧めする。その国の言葉を日常会話ができるくらい習得しておくと、楽しみは倍増する。また、現地の人と会話を楽しみながらゴルフなどのスポーツをするのも楽しい思い出となる。

私は以前から、自分の置かれた環境を最大限楽しみたいと思っており、これまでも転勤になって住んだ場所で郷土料理や観光、街歩きなど積極的に楽しみを見つけ、その土地の歴史や風土に興味を持ってきた。たとえ、その転勤が他人からみれば左遷であっても、置かれた環境を好きになり、楽しむことにより、自分の人生にとっては「栄転」としてきた。営業の担当地域では、食堂や喫茶店で地元の人と会話をして、その土地の情報を集めるように心がけてきた。

インドネシアは一万以上の島から成り立ち、島の多くは火山島で、美しい景色に恵まれている。そこに、三百以上の部族が住み、七百を超える言語が話され、それぞれが独自の歴史、宗教や文化を持っている。特に中部ジャワや東ジャワはヒンドゥー教や仏教の寺院などの史跡が多い。食べ物も、地域ごとに特徴があり、旅行好きの私にとってとても魅力的な国であった。

きれいな街並みはお金をかければ造れるが、歴史や文化はいくらお金をつぎ込んでもできるものではない。インドネシアはそれほどお金を持っておらず、街の景観も大都市の一部を除いて整備されていないが、歴史や素晴らしい文化、伝統芸能があり、美しい自然にも恵まれていたので、住んでいて楽しく、奥が深い国であった。勤務していた工場の社員に対しても「インドネシアは、日本と同様、歴史と文化がある素晴らしい国だから、プライドを持ってほしい」とよく言っていた。

私は、週末、ゴルフのない時はできるだけスラバヤの街を散策したり、美味しい郷土料理の店を探したり、国内旅行に出かけたりするようにしていた。インドネシア大学のＢＩＰＡに通っていたころは勉強漬けの毎日でつらかったが、そのおかげでインドネシア人と会話ができインドネシアの文化に直接触れ、インドネシアの生活をより一層楽しむことができた。

アジアはどの国も長い歴史と独自の魅力ある文化があり、また、美味しい料理にも恵まれている。そのうえ、ＬＣＣも多く、旅行がしやすいため充実したプライベートライフを楽しむのに適している。ぜひ貪欲にその国の生活を楽しんでほしい。

南のＩＴ先進国

スラバヤの大通りをベチャが走り、郊外に行くと馬車が人や荷物をのんびりと運んでいる。その一方で、多くの人がスマホ片手に配車アプリを使いこなし、スマホで電子決済をしている。二〇一九年十二月、久しぶりにスラバヤを訪れて、デジタル化のさらなる進展に驚いた。当時、日本ではようやく電子決済アプリが導入されたが、インドネシアでは、電子決済のインセンティブが大きく、ワルンと呼ばれる大衆食堂や雑貨店でも支払いは電子決済が主流であった。

また、配車アプリがずいぶん普及していて、多くの人が使っていた。行き先を入力すると、配車可能な車と料金、これまでの乗客からの評価、それらの車の現在位置、車種と色、さらにタクシー料金との比較が表示され、その中から選ぶことができる。支払いはスマホによる電子決済で、現金のやり取りはない。オジェックと呼ばれるバイクタクシーも同じ方法で乗車することができる。

インドにおいてもグローバルなライドシェアアプリとともに、インドローカルのアプリが普及して、多くの人が使っている。

インドネシアで事業を行うためには、ＯＳＳ（Online Single Submission）システムという許認可を一元管理するシステムにアカウントを開設し、四半期ごとの投資活動報告書の提出、労働社会保険の登録、健康社会保険の登録、輸出入に関するライセンス取得などをオンラインで行う。このシステムは二〇一八年に導入されたが、当初、システムの不具合で大混乱し、現在もシステムの仕様変更が続いている。「異文化理解と現地のマネジメント」の項でも述べたが、インドネシアは完璧でなくても発進し、走りながら修正していくので、スピードが速い。また、納税申告は、インドネシア版ｅ－ＴＡＸであるＤＪＰオンラインという国税総局のウェブサイト上で行わなければならない。

インドにおいてもアーダールという生体認証システムを採用したインド版マイナンバー

制度により急速にデジタル化が進んだ。アーダールを核として納税、福祉、社会保険、銀行口座開設などのサービスが一気に進み、それに伴い個人向けデジタル融資、電子決済、キャッシュレス送金が急増した。日本がマイナンバーを議論している間に新興国は飛躍的にデジタル化が進んでいる。また、デジタル決済を促進するため二〇一六年には突然、千ルピーと五百ルピーといった高額紙幣を廃止し、一時大混乱したが、その結果、一挙にデジタル決済が進展した。まさにリーピング・フロッグである。

インドネシア、インドともに二〇二〇年現在、国民の約八十パーセントが四十九歳以下で、デジタル活用に抵抗が少ないということが強みである。また、日本のように完璧さを求めず、どちらの国も新規事業については、ある程度の不具合は許容し、進めながら修正していくという文化も影響していると思う。

新興国においても、ＩＴ化の波から逃れることはできない。むしろ、日本より進んでいる面がある。逆にＩＴを積極的に駆使することによって、現地の生活を楽しく便利にすることができる。

新興国勤務で気を付けること

現地に日本人クラブがあれば、有料でも入会すべきである。やはり、異国では、医療機関や事故、事件など安全に関する情報がとても大事である。

東南アジアで医療の水準が高いと言われているのは、シンガポールとタイである。インドネシアでは、地方の医療機関はあまり信用できない。診察費は十倍くらいするが、日本人クラブの発行しているガイドブックのリストに載っているような名の通った信頼できる病院に行くべきである。私は一度軽い下痢で体調がすぐれないまま出勤したところ、事務所の社員から「顔色が悪いから病院に行きなさい」と言われ、会社の近くにあるローカル病院に行った。すると、医者から「症状はいつごろから」とか「発熱は」といった問診もないまま、すぐに薬を処方された。しかも、その錠剤は喉を通らないほど大きい。

栄養の偏りも気を付けなければならない。インドネシア料理は香辛料をふんだんに使い美味しいが、たいていパーム油で揚げ、野菜はほとんどない。鶏のから揚げを頼んでもキュウリが一切れか二切れ添えてあるだけで、全くない場合もある。食堂に野菜のメニューのない場合が多い。確かにサンバルを付けて食べると、野菜がなくても肉だけで食が進む。私は、朝食にトマトや湯通ししたキャベツなどを取るようにしていた。また、糖分の過剰摂取にも気を付けなければならない。インドネシアでは、コンビニで売られている日本茶にも砂糖がたっぷり入っていて、缶コーヒーも異常に甘い。料理も甘辛い、味の濃いものが多い。

当然のことながら、食中毒も注意が必要である。ショッピング・モールに入っているような店は問題ない場合が多いが、インドネシアでは屋台の氷は避けた方が良い。東南アジア慣れしている私の知人も一度インドネシアの屋台の氷で食あたりし、一週間下痢が止まらず死ぬ思いをしたと言っていた。

蚊が媒介するデング熱やマラリアにも要注意である。インドネシア勤務中にも従業員の子供がデング熱で二人連続して亡くなった。スラバヤではあまり蚊を見かけなかったが、寝る時は蚊取り線香や蚊取りマットを使って、蚊に刺されないように気を付けた方が良い。このことは東南アジア全般、インドなど南アジアでも同様である。

運動不足にも気をつけなければならない。会社から専用の自動車と運転手を貸与される場合、自宅から勤務先の事務所まで送り迎えしてもらえるので、ほとんど歩く必要がない。また、地位の高い人は歩き回ってはいけないらしく、向かいの工場に歩いていこうとすると、「みっともないから車で行ってください」と従業員に言われたことがある。

インドネシアでは概して健康に対する意識は高くなく男性の喫煙率は世界一高い。また、鶏のようにお腹が出ていて足の細い中年が多い。二〇二〇年の平均寿命も七十一歳と日本の八十四歳から比べると短く、二〇一九年の死因の第一位は脳卒中、第二位は心筋梗塞、第三位は糖尿病となっている。これは、喫煙、油と糖分の過剰摂取、野菜の摂取不足、運動不足が原因であろう。

私は幸い、五年半のインドネシア滞在中に事故に巻き込まれたことはなかったが、地元の人が危険だと言う地区には興味本位で入らないようにしたい。また、いざという時に一万円程度の現地通貨を渡せるように持ち歩いていた方が良いと言われていた。

新興国は交通事故も多い。インドネシア人は相手が交通規則を守らないであろうという前提で運転している。日系企業では駐在員の自動車の運転を禁じているところが多いが、確かに日本人の感覚で運転すると事故を起こす確率が高くなる。そのうえ、日本人が事故を起こすと、たとえ、相手が違反していてもインドネシア人に取り囲まれ面倒なことになるようである。日系企業の場合、専用の運転手を付けてくれるが、休日などに外出したい場合はタクシーを利用する方が良い。

新興国で勤務する場合、日系企業では会社で海外保険に加入してくれるケースが多いが、もし、海外保険に入っていない場合は、必ず加入すべきである。現地の人は保険に入っていない場合が多いので、自分の身は自分で守らなければならない。

強いサラリーマンになる

企業が利益を上げるためには、一定の需要が存在する市場において、自社の強みを組み合わせ、他社が参入困難な独自のポジションを創り、追随者が現れた場合はビジネス環境の変化を踏まえ、再び、独自のポジションを創出しなければならない。すなわち、合法的な独占状態を構築し、それを維持することが必要である。そのためには自社と競合他社の比較表を作成し、自社と他社の強さと弱さを明確にして、その市場における自社のポジションを決めなければならない。参入障壁が低いと、価格競争となり、いつまで経っても利益は出ない。

このことは個人の場合にも当てはまる。転職の成功確率を上げるためには、他社から見たエンプロイアビリティ（雇用される力）を高めておく必要がある。すなわち、需要のある分野で、キャリアや資格を組み合わせ、他人が簡単に得ることのできない、雇用者側から見て、魅力あるスペックを構築して、労働市場における独自のポジションをつくっておくことである。誰もが手に入れることができるスペックしか持っていない場合、需要と供給の関係から、激しい競争にさらされ就職できる確率も下がるうえ、低収入に甘んじなければならない。

起業する場合は、他人が簡単に追従することができない合法的な参入障壁をつくり、それを武器としてビジネスモデルを構築し、営業をかけるべきである。だれでも参入できるビジネスは価格競争になり、利益を削るしかない。海外勤務を通して、将来の信頼できるビジネス・パートナーを見つけておくことも重要な強みの一つになる。

サラリーマンをしていると、特に大企業に新卒で入社した場合、どうしても社内における出世競争だけに目が行きがちである。規模の大きい企業は各組織が最小のエネルギーで最大の効果を発揮できるように業務が細分化されている。人事のローテーションが制度として行われていない企業の場合、よほど優秀な幹部候補生以外、ある程度、仕事ができると、自己申告や他の部署からのオファーがあっても上司が手放さないことがあり、経験できる業務の幅は狭くなる。

将来の目標がある場合、自己申告制度や社内公募などあらゆる機会を利用して、その目標に必要なスキルを身に付けるようキャリア形成を心がけるべきである。将来、海外で仕事をしたいと思っているならば、若いうちに積極的に海外勤務を申請することを勧める。そして、チャンスが来たらためらわず波に乗ることが大切である。将来、海外転職する際に、大きなアドバンテージになるであろう。もし、今の会社ではキャリア形成ができないと判断すれば、自力でキャリアパスをつくることも検討すべきである。

日本人は仕事のキャリアに対する考え方が世界の中ではかなり特殊である。終身雇用制の名残で、会社が最後まで面倒を見てくれると思い、自分の人生を会社任せになっている人が多いように思う。それに対し、多くの外国人は自分のキャリアパスに対する関心が高い。日本の企業が高度外国人材を採用しても、彼らに明確な職務内容と将来のキャリアパスを提示できないと、すぐに他の企業に転職されてしまう。彼らは自分が主体で現在の仕事を自分のキャリアアップのプロセスと捉えている。

日本の社会は今後予想される産業構造の大きな変化に対応するため、また、国際競争に勝ち抜くため、ますます労働力の流動性を高める方向に動くであろう。これからは日本人も、自分が主体となって自分のキャリア形成を第一に考えても良いと思う。そして、現在の仕事を将来の夢へのステップと位置付けてはどうであろうか。

エピローグ

一人の人間が一生に得られる知識や経験は大海の一滴である。まして、同じ環境の中で過ごしていると、得られる知識や考え方は、とてつもなく少なく幅が狭い。これまで普通であると思っていたことが、グローバルな視点からすると、実は極端な考え方であるかもしれない。

自分では海外に行く前、ずいぶんいろいろな業務を経験したつもりであったが、留学、海外転職、さらに帰国してからのいくつかの仕事をしてみて、これまでいかに狭い世界に生きていたかということを思い知らされた。それと同時に、自分の知らない世界を知ることの楽しさに気付いた。

これからは、一つの企業に定年まで勤め上げることに執着しない生き方の方が、満足度の高い人生を送れるように思う。与えられた軌道の上を沿線の景色しか見ずにひた走るよりも、高いところから地形を俯瞰し、自分の得意分野を探し、自分で考えて軌道を設置し、これまで見たこともない景色を実際に見てわくわくしながら、時には軌道を修正して生きていく方が楽しいであろう。

留学、海外転職は金銭面だけで見ると、多少、マイナスになる場合もあるかもしれない。人生に対する価値観は人によって異なるが、留学や海外転職を、人生を楽しむためのコストと思えば、たとえ、金銭面でマイナスになったとしても、トータルで考えれば、コスト以上のものが得られると思う。海外で実際に生活すれば、旅行では得られない貴重な体験や感動、かけがえのない友人といった無形の資産を手に入れることができ、人生の次のステージの質をより高めることができる。

私はインドネシア滞在の五年半の間に実に多くの人と出会い、彼ら、彼女らから大きな影響を受けたのは間違いなく、それは金額では測ることのできない自分自身の大きな資産になっている。そして、この五年半はこれまでの人生の中で最も眩しく輝いていた時代で、今なお、その余韻を楽しんでいる。

もし、条件が許せば、海外留学そして海外転職を検討してほしい。私は定年前に思い切って早期退職をして、インドネシアに留学し、現地で就職したことは、結果的に大正解であった。やはり、クアラルンプールの日本人会の事務局長から言われたように、やる気になった時、その推進力を使い、躊躇せず思い切って波に乗っていくべきであると痛感した。

私は残りの人生、海外で生活して得られた知識や考え方、価値観を活かして、一日一日を大切に楽しく過ごしたい。そして、たとえ小さくなろうとも最後まで夢を持ち続け、できる範囲で実現させたい。

最後に、この出版を企画するにあたって、全面的にバックアップしてくださった幻冬舎メディアコンサルティングの前田惇史様他編集部の皆様、転職にあたって適切なアドバイスを頂いたグローバル人材塾の田村さつき様をはじめ多くの人材コンサルティング業界の方々、八十歳を過ぎてなお健康の心配がなかった両親、快くインドネシアに送り出してくれた家族に深く感謝している。本当にありがとうございました。

参考文献

地球の歩き方　インドネシア　2014~2015	地球の歩き方編集室	ダイヤモンドビッグ社	二〇一四年一月三日
経営戦略としての異文化適応力（第四刷）	宮森千嘉子・宮林隆吉	日本能率協会マネジメントセンター	二〇二一年五月三十日
異文化理解力（第一版第十五刷）	エリン・メイヤー	英治出版	二〇二三年一月三十日
インドネシア検定（初版第一刷）	加納啓良	めこん	二〇一〇年十二月十五日
インドネシアのことがマンガで三時間でわかる本（初版）	河江健史・渡邉裕晃	明日香出版社	二〇一三年十一月十六日
インドネシアビジネス法務ガイド（第一版第一刷）	井上諒一	中央経済社	二〇二二年四月二十五日
東南アジアの歴史（初版第六刷）	桐山昇・栗原浩英・根本敬	有斐閣	二〇一七年六月十日
これからのインドビジネス（初版第一刷）	日本貿易振興機構	日本貿易振興機構	二〇二二年九月二十九日
日経ビジネス　2023年8月28日		日経ＢＰ	
グローバル就活転職術（第一刷）	大川彰一	ＩＢＣパブリッシング	二〇二三年五月二十四日

深夜特急　第一便／黄金宮殿	沢木耕太郎	新潮社	一九八六年五月二十六日
熟年留学のススメ	林信吾	ＡＣＣＩＥＬ書店	二〇一一年九月十一日
英語力ゼロから始めて海外起業でＦＩＲＥする！	蒲原隆	ゴマブックス	二〇二三年五月二十二日
教科書が教えない東南アジア	藤岡信勝（編）	扶桑社	一九九九年八月一日
「務め人」意識改革論	安田直裕	岐阜新聞社	二〇二三年九月十二日

〈著者紹介〉
宮永保文（みやなが やすふみ）
1952年　京都市生まれ。
慶應義塾大学経済学部卒業後、大手楽器音響メーカーに就職。主に国内営業部門に従事。58歳で早期退職してインドネシア大学外国人向け語学研修コースBIPAに入学。60歳で日系の印刷会社にスラバヤ工場長として入社。日本に帰国後、インドネシアから来日の技能実習生に生産現場で使う日本語、安全衛生、日本における生活を指導。その後、人材派遣会社の海外部門にて顧問として、インドネシア市場に関するアドバイス、インドの子会社設立をアシスト。70歳で人材派遣会社を退職後、インドネシア、インドに関するビジネス経験を生かし、サウスビジネスを起ち上げ。

最高《さいこう》のセカンドライフは海外転職《かいがいてんしょく》で
—国内営業一筋《こくないえいぎょうひとすじ》から五十九歳《ごじゅうきゅうさい》でインドネシアに留学《りゅうがく》、そして—

2024年4月30日　第1刷発行

著　者　　宮永保文
発行人　　久保田貴幸

発行元　　株式会社 幻冬舎メディアコンサルティング
〒151-0051　東京都渋谷区千駄ヶ谷4-9-7
電話　03-5411-6440（編集）

発売元　　株式会社 幻冬舎
〒151-0051　東京都渋谷区千駄ヶ谷4-9-7
電話　03-5411-6222（営業）

印刷・製本　中央精版印刷株式会社
装　丁　　弓田和則

検印廃止

ISBN 978-4-344-69078-3 C0095
幻冬舎メディアコンサルティングＨＰ
https://www.gentosha-mc.com/